JN409499

몽돌의 노래

현대수필가100인선Ⅱ·59

몽돌의 노래

김용순 수필선

수필과비평사·좋은수필사

■책머리에

수필은 누구나 부담 없이 읽고, 마음만 먹으면 직접 쓸 수도 있는 가장 친근한 문학이다. 다른 영역의 문학이 영상매체에 밀려 신음하고 있는 중에도 수필 인구만은 날로 증가하여 바야흐로 수필 전성시대를 구가하고 있는 이유도 거기에 있을 것이다.

시대적 추세에 힘입어 수많은 수필전문지, 수필동인지가 창간되고, 이에 비례하여 신진 수필가도 날로 늘어나다 보니 이제는 그 많은 작가, 그 많은 작품 중에서 문학성 높은 작품을 가려 읽는 일이 쉽지 않게 되었다. 이런 현상은 작가에게나 독자에게나 결코 바람직한 일이 아니다. 더 나아가서는 수필을 연구하는 후세들에게도 큰 부담이 될 것이다.

이런 문제를 해결하는 데는 출판인도 마땅히 한몫을 감당해야 한다는 평소의 소신에 따라, 본사가 기꺼이 그 역할을 맡기로 했다. 그 첫 번째 사업으로 시대를 대표할 만한 수필가 100인을 선정하고, 작가가 자선한 40편 내외의 작품을 수록한 문고본을 발간하여 이를 널리 보급함으로써 그 소임을 다하고자 한다.

본사는 사명감을 가지고 이 사업을 추진해 나가기로 했다. 작가 선정을 전담할 편집위원회를 구성하고 전권을 위임하여 일체의 사적인 정실이나 청탁을 배제함으로써 전문성과 공정성을 확보해 나갈 것이다.

따라서 이 기획물 속에는 작가의 문학정신뿐만 아니라, 본사의 문학사적 기여 의지와 편집위원 제위의 수필문학에 대한 애정과 문인으로서의 양심이 함께 담겨 있음을 자부한다. 다만, 작가를 선정하는 기준에는 많은 견해의 차이가 있을 수 있고, 선정 과정에서도 미처 챙기지 못한 부분이 있을 것이라는 사실만은 인정하지 않을 수 없다. 이 점에 대해서는 관계자 여러분의 양해 있으시기 바란다.

이 시리즈의 발간 순서는 작가, 또는 본사의 사정에 의한 것일 뿐 그 밖의 어떤 기준도 적용하지 않았음을 밝힌다.

본 기획물이 시대를 초월한 많은 수필 애호가들의 관심과 애정 속에 우리나라 수필문학 발전에 한 이정표가 되기를 바랄 뿐이다.

본사에서는 이상과 같은 취지로 ≪현대수필가 100인선≫ 전 100권을 완간하여 큰 반향을 불러일으킨 바 있다.

그러나 우리 수필문단의 규모나 수필문학의 수준에 비추어 선정 작가를 100인으로 한정하는 것은 형평성이나 효율성 면에서 크게 부족하다는 의견이 많았고, 본사 또한 이를 통감하던 터라 기꺼이 ≪현대수필가 100인선Ⅱ≫를 발간하기로 했다.

본사의 충정에 찬동하여 출판에 응해주신 저자 여러분에게 진심으로 감사한다.

2014년 9월 일

수필과비평사 · 좋은수필사 발행인 서 정 환

현대수필가 100인선 간행 편집위원 박 재 식 최 병 호

정 진 권 강 호 형

오 세 윤

1_부

2_부

3_부

4_부

1 부

君君臣臣父父子子

상서롭고 아름다운 상상의 새는 어떤 노래를 부를까. 봉황이 산다는 봉서산으로 간다. 아파트 후문으로 나와 서부대로를 가로지르면 이내 산과 마주할 수 있다. 나뿐 아니라 천안 서북구 지역 주민 대부분이 누릴 수 있는 큰 복이다. 황톳길이나 나무계단이 아파트 숲 곳곳으로 열두 군데나 벋어 누구나 수월하게 봉황의 이웃이 될 수 있다. 스카이뷰로 봉서산을 검색하면 산 전체가 봉황의 모습으로 보인다. 암탉이 병아리를 돌보듯, 봉황이 주변의 아파트를 거느리고 노니는 형상이다.

숲으로 들어간다. 가뭄 탓인가. 농축된 푸름이 강인함으로 다가온다. 아직 꽃향기 그대로 남아 있지만, 시간의 순리대로 떨어진 아카시아 꽃잎들이 하얀 융단 길을 만들어 놓았다. 머뭇거리는 사이 산새가 꽃가지를 후두두 흔든다. 남은 꽃잎들이 마저 떨어지며 융단에 수를 놓아간다. 과연 봉황이 사는 곳 맞나 보다.

새는 멀리 날지 않고 내 주위에서 알짱거린다. 우리 집 수련 자배기에 날아와 목을 축이는 그 새인가. 아는 체를 하는지 꽁지깃을 살랑거린다. 인사를 마친 새는 제 길로 날아가고 혼자가 되어 비탈의 나무계단을 오른다. 차츰 호흡이 가빠진다. 적당히 숨이 차오를 때쯤 경사진 길이 끝나고 평평한 황톳길이 나타난다. 마침 나뭇잎 사이로 바람이 불어온다. 부동의 개암나무, 인동초, 청미래덩굴이 부스스 깨어난다. 내 오감도 깨어난다.

나뭇잎 사이로 쏟아지는 오월 햇살이 눈부시다. 하늘을 향해 고개를 젖히고 걷는다. 조각난 하늘이 맑고 맑다. 날아오르고 싶은 충동을 느낀다. 그때

"꿩, 꿩!"

장끼의 외침에 깜짝 놀라 두리번거린다. 울창한 수목들이 저마다의 소임으로 이파리를 키우고, 꽃을 피워놓기도 했으며, 이미 열매 달아놓은 것도 있다. 어느 나뭇가지에 앉았는가. 소리의 주인은 가뭇없고 대신 공자의 정명론이 마음에 들린다.

"君君臣臣 父父子子이니라."

이는 제나라 경공이 정치에 관해 물었을 때의 대답으로, 군주는 군주답고 신하는 신하다워야 하며 아비 역시 아비답고 자식은 자식으로서 이름에 걸맞아야 한다는 뜻이다. 군주는

군주라는 이름에 어울리는 책임과 의무가 있는데 신하의 책무까지 간섭하여 오지랖을 떨어서야 되겠는가. 부모 자식 관계에서도 그렇다. 아비가 아비 노릇을 못 하고 자식이 아비 노릇까지 대신해서야 되겠는가.

이렇듯 모든 사회 구성원이 자신에게 부여된 사회적 호칭에 상응하는 역할과 책임을 다하는 것이 정명이며 곧 정치의 이상적 목표라 한다. 내 이름은 무엇이던가. 장끼의 일침에, 날개도 없으면서 날자고 쳐들었던 고개를 숙이니 발아래가 온통 수국 천지이다. 정작 보라색 꽃길을 걸으면서도, 파란색 하늘만을 날고자 했던 부질없는 욕망을 스스로 다독이며 다시 산길을 간다.

팔각정에 다다른다. 우거진 나무 사이를 벗어나 산등성이 정자에 오른 후에야 비로소 숲을 본다. 상록수와 활엽수, 큰 나무와 작은 나무들이 한데 어우러진 숲은 파도 일렁이는 임해이다. 각기 다른 작은 것들이 모여 하나의 큰 것을 이룬다.

팔각정을 내려오니 여러 갈래의 이정표가 기다리고 있다. 이정표를 살피다가 놀랐다. 지나온 길에 봉서산의 명물 남근석이 있었을 텐데 못 보고 지나온 것이다. 내려갈 때를 생각하며 아쉬움을 달랜다.

약수를 마시려면 약수터 방향으로 향해야 옳지만, 생리적 갈증보다 감각적 탐미에 더 목말랐었다. '봉서산 생태학습장'이라 쓴 푯말을 따른다. 인위적으로 꾸며놓은 것에서는 별 감흥을 얻을 수 없다지만, '생태'라는 글자에 이끌렸다.

이정표대로 호젓하고 좁은 오솔길을 따라가자니 마치 고향으로 가는 길인 듯 푸근하다. 구우구 구구, 따따따따 …, 온갖 새들이 제 소리로 노래한다. 새소리를 좇아 고개를 돌리니 새 대신 노랑붓꽃 한 송이가 활짝 웃는다. 탄성으로 화답하고 다시 비탈길을 내려간다. 찔레, 좀작살나무, 꿀풀도 꽃향기 한창이다. 조팝나무는 이미 잔치를 끝내고 꽃 진 자리에 깨알 같은 열매를 다섯 알씩 모아 키우고 있다. 보리수는 벌써 열매를 다 키워놓고 붉은 물을 들이는 중이다. 그런데 햇빛이 드는 원형 무대 옆 길갱이는 아직도 푸른 잎만 키우고 있다. 그것은 한참 더 자라야 꽃대를 올릴 수 있을 것 같다. 이렇듯 풀은 풀대로 나무는 나무대로 새는 새대로 각자의 소임을 다하며 생태를 이루었다. '君君臣臣 父父子子'이다. 하기야 공자 철학이 자연의 선성에서 출발한 것이라니 더 말해 무엇하랴. 그뿐인가. 서양의 전통철학인 소크라테스나 플라톤의 '정의로운 상태' 역시 온갖 다양한 천체들이 하늘을 아름답게 채우고 조화와 공존을 이루는 자연의 상태를 이름이었다.

출출한 걸 보니 올라온 지 꽤 되었나 보다. 두어 시간이면 약수터까지 다녀올 수 있지만, 해찰하다 보니 오는 데만 그 시간이 걸렸다. 약수터는 다음에 또 와서 보기로 하고 발길을 돌린다. 오늘도 봉황은 볼 수 없었지만, 아름답고 상서로운 기운을 얻어 내려가는 발길이 올라올 때보다 한층 가볍다.

날밭에서 잡힌 석동무니

첫모 방정에 새 까먹는다는 말이 있다. 그런데 그날은 첫모도 두지 못했으면서 방정을 떨어 '새 까먹'고 말았다.

문학세미나 공식 일정이 끝나고 행사장 박수소리의 여운을 뒤로한 채 숙소에 들었다. 무언가 모자란 듯 허기를 느꼈지만, 창밖을 내다보는 것 말고는 마땅히 할 것도 갈 곳도 떠오르지 않았다. 어느 버스 종점에 홀로 내린 막막한 느낌으로 우두커니 서 있는데, 평소 조용하기만 한 김 선생님께서 들어오셨다. 마치 내 마음을 읽기라도 한 듯 빙그레 웃으시더니 가방을 뒤적거려 두 손바닥 넓이의 말판을 펴 놓으셨다. 그래도 그렇지, 모처럼의 외숙인데 방 안에 틀어박혀 윷놀이나 하잔 말인가. 시큰둥했다.

"보통 윷과는 달라요. 천당도 있고 지옥도 있어요."

천당이라는 말에 솔깃하여 말판을 보니 희로애락이 다 쓰여 있었다. 그중에 '잉태'라는 글자에 눈길이 머물렀다. 아무것도 먹을 수 없고 아무리 애를 써도 배설할 수 없는 입덧을 기꺼이 견디던 열 달, 환희의 잉태를 윷판에서 다시 경험할 수 있다고? 솔깃하여 말판에 다가앉았다. 잠시 후 같은 방에 배정받은 두 사람도 끼어들어 윷가락을 하나씩 던져 편을 가르고는 난데없이 윷판이 벌어졌다.

말이 가야 할 길을 정해 두고는 기도하는 마음으로 윷가락을 던졌다. 그럴 때마다 우리 편은 "돗긴, 모!" 하며 애타게 격려를 보내는가하면, 저만치 물러나 앉아 두 손을 모으기도 했다. 상대편은 "뒷도, 뒷도!" 하며 고함을 지르고 손뼉을 쳐대며 혼을 빼놓았다.

그러나 어느 편의 장단에 춤을 출 것인가. 윷가락은 제멋대로 자빠지고 엎어지며 나 잡아 잡수 하고 윷배를 내밀기도, 시치미 뚝 떼고는 돌아눕기도 했다. 때로는 낙으로 객기를 부리기도 했다.

말 하나가 스무 밭을 돌기 전에 '천당'에 이르러 수월하게 나고는 두 번째 말이 개밭에 올랐다. 용케 안 잡히고 살아남아 세 번째 말을 맞이했다. 업고 가잔다. 다음에 걸이 나와 앞서가던 상대 말을 잡고는 모 한 사리에 도를 쳤다. 사기가 왕성해진 우리 편은 의기투합하여 석동무니로 말판을 돌게 되었다.

반면 상대는 생윷으로 네 말이 뿔뿔이 흩어져 앞서거니 뒤서거니 공격해 왔다. 어느 말에게 잡힐지 몰라 조마조마했다. 한 방에 대박을 노렸던 과욕을 탓해보기도 했지만 엎어진 물그릇이니 어쩌랴.

목구멍에서 단내가 올라올 때쯤이 되어서야 가까스로 날밭에 도착했다. 이제 도만 나오면 이긴다. 그러나 던지기만 하면 나와서 기를 죽이던 도가 모두 어디로 간 건가.

"도, 도! 제발 한 번만!"

그러나 윷가락을 던지는 것은 내 마음이지만, 떨어지는 것은 온전히 윷가락 멋대로이다. 누구도 예측할 수 없는 윷가락의 그런 '제멋대로'가 오히려 짜릿한 매력인지도 모른다. 결과가 뻔하다면 무슨 재미가 있겠는가. 신이 인간에게 준 가장 큰 축복은 내일을 베일 속에 가려놓은 것이라고 하지 않던가. 학생들이 시험 치기를 좋아하지 않는 것도 어쩌면 결과가 뻔한 이유에서인지도 모른다. 시험지는 무리수도 에누리도 없이 수험생이 노력한 만큼만 점수를 주지 않던가.

목이 쉬도록 외쳐도 도는 안 나오고 그토록 기다렸던, 이제는 필요 없는 윷, 모만 주책없이 나왔다. 그러는 사이 상대 말이 뒤를 바짝 쫓아오고 있었다. 드디어 상대 외동과 우리 석동무니가 날지와 날밭에 나란히 섰다. 마지막 기회였다. 우리가 도를 치면 이기는 것이고 상대가 도를 치면 우리 석동무니가 잡히는 판이었다. 기도하는 마음으로 윷가락을 던졌다.

개였다. 그리고는 그렇게도 기다리던 도가 나왔다, 우리가 아닌 상대편에서! 그들은 일어서서 환호성을 울리고 우리는 엎어지고 자빠지는 윷가락처럼 방바닥을 치며 나뒹굴었다.

한바탕 야단법석이 끝난 후 미리 펴놓았던 이부자리에 상자 안의 윷가락처럼 나란히 누웠다. 딱 한 번만 더 놀아보고 싶은 마음이 간절하여 잠이 오지 않았다. 석동무니로 내달리던 말만은 고쳐 놓고 싶었다. 옆자리에서 잠든 상대편의 뒤척이는 소리가 미련을 부채질했다.

아쉬운 것이 어디 윷놀이 뿐이랴. 딱 한번 뿐이기는 우리의 삶도 마찬가지이다. 주어진 것은 오로지 네 말과 말판 하나. 윷가락에 운명을 맡기고 날밭을 향하노라면 '천당'의 기쁨과 사랑의 결실 '잉태'환희를 맛보기도 하지만 곳곳에서 기다리는 '지옥'의 밭도 지나야 한다.

내 인생의 말은 어디쯤 와 있을까. 쫓기는 이 느낌은 무엇인가. 이러다가, 윷놀이 끝내고도 천정에 말판을 그리며 잠 못 들듯 인생놀이 끝내고도 구천을 떠돌며 영면하지 못하게 되는 건 아닐까. 혹여 아직 달지 않은 말이 있다면 이제부터라도 단동무니로 느리게 가고 싶다.

운명일랑 하늘 높이 던져 놓고 겅중겅중 춤추며 한바탕 놀다 가도 좋으리. 어차피 놀이가 끝나면 너나없이 훌훌 털고 두어 평 영면의 잠자리로 돌아가야 하지 않던가.

아쉬움에 꼬리를 물던 생각은 옆 사람이 코를 골아댈 때쯤이 되어서야 마무리가 되고 천정에서 어른거리던 윷가락도 희미하게 사라져갔다.

눈까풀의 가시

눈엣가시란 말이 있다. 몹시 싫어 거슬리는 사람, 남편의 첩 같은 존재를 일컬어 하는 말이다. 그 말의 뿌리를 더듬어 보면 눈에 가시가 들어갔을 때의 고통이 어떤가 짐작이 간다.

그런데 언제부턴가, 세수할 때마다 눈까풀이 따끔거렸다. 괜찮다가 조금이라도 자극하면 찌르는 듯 통증이 오는 걸로 보아 가시가 박힌 것이 틀림없는 것 같았다. 때로 근질거려서 나도 모르게 손을 대면 온몸에 소름이 좍 돋았다. 비록 '눈엣가시'가 아니고 눈까풀에 박힌 가시일지라도 여간 신경이 쓰이는 게 아니었다.

아마도 아이섀도우를 사용하는 과정에서 벌어진 일인 것 같다. 그것을 붓에 묻혀 바르다가 털의 부스러기가 박힌 듯하다. 그 부스러기는 가늘고 부드러운데다가 색깔마저 투명하여 잘 보이지 않을 것이다. 그러나 그것은 내 눈까풀에 박혀 무시로 거슬렸다.

궁리 끝에 미장원에서 사용하는 뒷거울이 떠올랐다. 햇빛 밝은 날 베란다에서 거울 두 개로 반사시켜 보았다. 그러나 가시를 빼는 건 고사하고 실체조차 확인할 길이 없었다. 아이들에게 보였으나 역시 아무것도 보이지 않는단다. 노안이 된 남편의 시력 또한 믿을 수가 없는 노릇이었다. 보인다고 해도 민감한 눈 부분의 가시를 뺀다는 것은 기대하기 어려운 일일 것 같았다.

가시는 왼쪽 눈에 박혔으니 오른쪽 눈으로 보면 될 것 같은데 그렇지가 않았다. 내 눈까풀의 가시는 내 허물처럼 내 눈으로는 볼 수가 없었다.

나는 시력이 좋은 편이다. 어두운 곳에서도 잘 보고, 먼 곳의 상황도 제대로 파악한다. 그래서 지인들은 여행길에 나를 조수석에 앉히길 즐겨한다. 이정표나 장애물, 심지어 무인 속도측정 장치까지도 남보다 빠르고 정확하게 알아보아 대처할 수 있게 도와주기 때문이다.

그렇게 좋은 시력으로 내 몸을, 그것도 눈에서 가장 가까운 눈까풀의 가시를 볼 수 없다니….

할 수 없이 근처 병원을 찾았다. 의사는 전기장치가 되어 밝게 빛나는 커다란 볼록렌즈를 내 눈에 대고 순식간에 가시를 제거했다. 의사는 처치실을 나가고 간호사는 뒷정리를 하는데 나는 침대에 누운 채 하늘을 훨훨 날았다.

의사는 제 눈까풀의 가시를 볼 수 있을까?

덤

퇴근길에 담장 밑에서 푸성귀를 팔고 있는 할머니를 만났다. 오늘은 꼭지에 물기도 채 마르지 않은 싱싱한 애호박과 젖은 흙이 그대로 묻어있는 열무를 갖고 나오셨다. 어머니가 텃밭에서 막 거둬온 것 같다. 몰려든 아줌마들 사이를 비집고 들어가 욕심껏 봉지에 담는데, 호가하는 할머니의 손가락 끝에 "선생님, 안 들려요."하는 여자 애의 애틋한 목소리가 매달린다. 할머니도 귀가 어두운 분이다. 그래서 채소 값을 말로 흥정할 수 없어 손가락만 펴 보이는 분이다.

"자, 정으로 얹어 주닝개 이거 갖다 잡숴. 꼴은 이래두 몸에 좋은겨! 농약이라는 건 냄새도 안 맡았어."

할머니는 상자 안에서 올망졸망한 가지를 듬뿍 집어 덤으로 주셨다. 대형마트 진열대에 있는 것과는 달리 한쪽으로 꼬부라졌거나 흠집이 있어 볼품은 없지만, 방금 따온 거라 꼭지가 까슬까슬하니 싱싱했다.

할머니의 길가게는 길 가는 나그네처럼 제 마음대로이다. 파는 채소는 당신이 가꾸는 농작물의 작황 사정에 따라 그때그때 다르다. 아무 때나 펼치고 펼치기가 무섭게 팔아치우고 가시기 때문에 나처럼 출근하는 사람은 좀처럼 만나기도 어렵다.

할머니의 채소가 잘 팔리는 것은 아마도 덤 때문이지 싶다. 상품으로 친다면 몇 푼어치 안 되지만 넉넉한 정을 느끼게 한다. 투박한 손으로 듬뿍 집어 거저 준 못생긴 가지. 쪄서 무쳐도 좋고 구워서 양념장을 얹어도 좋을 것 같다. 할머니는 가지 봉지를 안겨주며 덤 값을 치르려는 나를 손사래를 쳐서 돌려세웠다. 그러는 손가락 끝에 매달려 있던 아이의 목소리가 내 귓전으로 옮겨 앉는다. 사무실에서부터 메아리치며 따라오던 소리다. '겉모습이 대수랴. 싱싱하고 무농약 채소라 하지 않는가. 오늘은 밀가루 묻혀서 들기름에 지져 먹어 보자.' 애틋한 그 소리를 지우려고 반찬거리를 생각하지만 좀처럼 떨어지지 않는다.

칠판에 도형을 그려가며 평행선의 성질을 설명하고 나니 한 아이가 평행선이 뭐냐고 물었다. 한 번 더 설명해 주었으면 좋았을 텐데 그렇질 못했다. 합일점에 도달하지 못하는 평행선, 각자의 목표를 향해 앞만 보고 달려야 하는 각박한 삶이 그렇듯 나는 나대로 진도를 나가야 하니, 이따 따로 설명하겠다는 말로 질문을 일축하고 다음 단계인 평행사변형으로 넘어갔다. 평행선을 모르니 평행사변형을 알 리 없는 아이는 내 말은 아예 들으려고도 하지 않고 손장난을 했다.

며칠 후에는 책상 밑으로 다리를 뻗어 옆 친구와 장난을 치다가 내 레이더망에 또 걸렸다. 주의를 시켰더니 귀만 후볐다. 다가가 손을 끌어내리며 언뜻 보니 아이의 귓바퀴 피부가 발갛게 벗겨져 있었다. 소독이라도 해 줘야겠다고 생각하며 긴 머리카락을 들추고 살피다가 깜짝 놀랐다. 귓속 구조가 이상했다. 당황한 나는 아무 말도 못 하고 칠판 앞으로 돌아와야 했다.

그 귀로는 칠판 앞에서 하는 내 말을 제대로 들을 수 없을 것이었다. 그런 사정도 모르고 집중하지 못한다고 주의만 시킨 그동안의 일이 떠올라 너무나 미안했다. 안 들린다는 아이의 말에 주목시킨답시고 목소리를 더욱 낮췄으니 한쪽 귀가 성치 못한 아이는 얼마나 답답했을까.

그 일이 있은 후로 나는 나름대로 목청을 돋웠지만, 아이는 아이대로 가끔 귀를 후비며 딴청이었다. 어떻게 해야 하나. 그 아이 한 명을 위해 따로 반을 개설할 수도 없는 노릇이었다. 평행으로 달리는 아이와 나를 이어줄 수직선은 없을까. 생각다 못해 앞자리를 권했다. 그러나 오는 순서대로 앉는 규정이 있어 매번 차지하지는 못했다. 뒷자리로 밀려난 날은 내가 그 아이 가까이 다가가서 수업을 진행했다. 강의용 마이크를 사용해 봤지만, 무선마이크를 얼굴에 장착하는 것이 부자연스럽고 다른 아이들이 시끄럽다고 해서 며칠 가다 중단했다.

평행선 사이에 수직선을 걸치다 보니 이번에는 진도에 차질이 생겼다. 나는 고민하고 아이는 다시 귀를 후비며 한 달 정도 지나니 방학이 되었다. 나도 아이도 시간의 여유가 생겼다. 그동안 대충 넘어간 것이 미안하기도 하여 아이만을 위해 따로 수업시간을 마련했다. 아이와 단둘이 책상에 마주앉아 수업하게 되었다. 아이의 계산 능력이 뛰어나다는 사실도 그때서야 알게 되었다. 그동안 부진했던 부분을 복습하고도 다른 아이들의 진도를 따라잡는데 그리 긴 시간이 걸리지 않았다. 방학이 끝나갈 즈음에는 다른 아이들보다 진도가 빨라졌다.

개학이 되자 아이는 다시 원래의 반으로 돌아가야 했다. 오늘도 안 들린다고 했다. 장난도 쳤다. 장난쳐서 안 들리는 게 아니고 잘 안 들리니 장난이나 치자는 속마음이다.

안 들린다고 할 때마다 떠오르는 성치 못한 한쪽 귀, 그러나 이제는 애태우지 않으련다. 진도 좀 늦으면 어떠랴. 학업 성적이 최고 점수가 아니면 어떤가. 굳이 그런 것에 의미를 부여하고 싶지 않다. 그 또한 그대로의 삶이고 그대로의 생애다. 착하고 인정까지 많은 아이니 장차 어른이 되면 사회의 일원으로 어디에선가 제 몫을 다 하리라 믿는다. 다듬어지고 포장되어 대형마트 진열대에 오른 가지는 시들 때까지 소비자를 기다리다가 유통기한이 지나면 폐기처분되기도 한다. 그러나 할머니의 가지는 싱싱할 때 남김없이 누군가의 밥상에 올라 입맛을 돋우고 내일을 살아갈 에너지가 되어 준다. 오늘 투박한 손으로 집어 준 한쪽으로 꼬부라진 가지 몇 개가 퇴근길까지 따라붙던 아이에 대한 걱정까지 달래 준다.

몽돌의 노래

같은 버스 안이지만 화제는 제각각이었다. 아침을 못 먹고 왔다거나 온다는 약속을 지키지 않은 사람이 서운하다고도 하고, 타인의 옷차림에 관심을 나타내기도 했다. 회장이라는 사람이 이틀 동안 함께 해야 할 일정에 대해 말할 때까지 나도 딴생각을 하며 앉아 있었다.

그러니까 버스에는 다른 사람들뿐이었다. 다른 사람은 서로에게 타인이다. 타인은 자유와 실존을 박탈하는 존재이기도 하다. 그래서 타인은 지옥이라고까지 말한 서양의 실존주의 철학자도 있다.

타인들을 태운 버스는 낯선 지방으로 달려 저물녘이 되어서야 숙소가 있는 바닷가에 도착했다.

한 버스에 타고 간 타인들이 이번에는 남자 여자로 나뉘어 잠자리에 들었다. 여자라는 이유만으로 '여자 방'에서 자고 새벽을 맞이한 나는, 아직 자는 타인들이 나 때문에 깨는 것을 원치 않기 때문에 겉옷과 목도리를 소리 안 나게 걸치고 고양이 걸음으로 숙소를 빠져나갔다. 바다의 뒤척이는 소리가 들려올 뿐 시야는 아직 짙은 회색에 잠겨 있었다. 새벽 공기는 호흡기를 통해 몸 안으로 들어와 내 안의 잡다한 색깔의 상념을 다독거렸다. 관계라는 타인과의 끈에서 헤어난 듯 홀가분했다.

한참 만에 해안의 모습이 어슴푸레 나타났다. 하얗게 부서지는 파도를 향해 발걸음을 옮겼다. 밟히는 작은 돌멩이들이 자그락자그락 소리를 질렀다. 내 몸에 짓눌린 돌들이 자리다툼을 하는 모양이었다. 큰 돌을 밟으면, 내 몸의 균형을 잃게 할 정도로 저항하며 더 큰 소리를 냈다. 그렇게 서로 다른 돌이 부딪는 불협화음을 들으며 해안을 걸었다.

이윽고 제 모습을 온전히 드러낸 검푸른 바다는 허연 거품을 물고 끝도 없이 돌밭 해안에 달려들었다. 수많은 돌은 파도에 떠밀리어 발치까지 왔다가는 도로 휩쓸려나갔다.

"쏴아아, 철썩!"

"자그르르르르르…."

잔돌 구르는 소리가 좀 전과는 달랐다. 큰 돌을 밟을 때 나는 저항의 소리가 아니었다. 그 소리는 하나 된 어울림의 소리였다. 발걸음을 멈추게 하는 신비로운 가락이었다. 마냥 들어도 싫증나지 않고 새롭기만 한 화합의 노래였다.

기실 자그르르 하고 하나의 가락을 내지만, 파도에 구르는 돌들은 색깔도 모양도 모두 달랐다. 대부분 새까만 색으로 반들거리고 간혹 덜 검은 것도 있고 아예 하얀 돌도 있었다. 조금 길쭉한 것도 있고 납작한 것도 있고 구슬 같은 것도 있었다. 그러나 하나같이 화음을 이루며 공명共鳴했다.

몽돌도 옛날에는 커다란 바위였을 것이다. 몽돌이 되기까지 서로 부딪혀 깨어지고 깎이면서 얼마나 많이 아파야 했을까. 큰 돌이 발밑에서 저그럭저그럭 소리 지를 때는 나름대로 이유가 있었겠지. 굴러 온 돌이 박힌 돌의 자리를 탐하니 억울하고, 덜그럭거리며 제 영역만 넓히려 하니 위기감에 모서리를 들이대었을 것이다.

생각이 거기에 미치자 몽돌이 다른 모습으로 보였다. 빛도 열도 고갈되어버린, 보잘것없는 마그마의 잔해가 아니라 깨달음의 경지에 이른 성자처럼 보이는 것이었다. 모난 곳이라고는 흔적조차 찾을 수 없는 그것을 하나 건져 손바닥에 올려놓았다. 방실거리며 손바닥 근육이 움직이는 대로 몽돌몽돌 굴렀다. 살포시 쥐어 보았다. 단단한 돌로 느껴지지 않고 마치 나와 한 몸인 것처럼 저항 없이 손 안에 안겼다.

'나'라고 하는 내밀한 돌을 들여다보았다. 삐죽삐죽 모서리 투성이였다. 부대끼며 사느라 깨어진 자리에도 새로운 날이 서 있는 것이 분명했다. 감추려 애썼지만, 어느 순간 튀어나와

들이댔을 내 모서리들, 의식적으로 대들지는 않았을지라도 일방적으로 내달려오는 돌덩이에 고스란히 내 자리를 내어 주지는 않았을 것이다. 오지 말라고 들이댄 모서리가 더 큰 불협화음을 냈을지도 모를 일이다. 내 몸 한 귀퉁이가 깨어져 나갈 때, 상대 역시 아팠으리라. 나처럼 울었을 것이다. 그러나 나는 내 아픔에 겨워 그런 소리에 귀 기울이지 못했던 것 같다.

생각이 거기에 이르자 나라는 돌을 파도에 맡기고 싶은 충동이 일었다. 세상의 중심은 오로지 나라는 소견이 벼리어 놓은 내 마음의 모서리를 거센 파도에 갈고 또 갈아 몽돌이 되고 싶었다.

저만치 숙소 앞에서, 전날 타고 왔던 버스가 그런 나를 지긋이 바라보고 있었다. 얼굴이 화끈거렸다. 부처님의 말씀대로, 성씨도 사는 곳도 감정도 다르지만, 우리는 자타불이自他不二, 그 버스를 함께 타고 같은 곳으로 가야 할 공동운명체인 것이다.

나는 만지작거리던 몽돌을 마음속에 저장했다. 나만 보이고 상대는 보이지 않을 때, 그리하여 고통에 자신을 가둘 때마다 꺼내볼 심산이었다. 마음에 돌을 담고 가는데도 숙소로 돌아가는 발걸음이 나갈 때와는 사뭇 다르게 가벼운 것을 느꼈다.

미완의 미학

어제는 폭우가 쏟아지더니 오늘은 구름 한 점 없다. 애초 예정했던 여행지의 진입로가 물 폭탄에 쓸려갔다는 보도에 인근 만일사로 발길을 돌린다.

천안터미널에서 내비게이션 안내대로 10여 킬로미터 달려 천흥저수지에 이른다. 잔잔한 물결과 그 위로 가지를 늘어뜨린 노송들이 조화롭다. 오른발이 저절로 브레이크를 누른다. 저수지를 천천히 돌아 우측 계곡을 향한다.

이후 이어지는 2킬로미터 남짓 숲속 길은 걷는다. 하천이 범람하고 곳곳에 산사태가 발생하여 특별재난지역으로 선포했다지만, 산세 따라 물길 따라 난 이 길은 온전하다. 콘크리트로 덮기만 했을 뿐, 경사지고 구불구불한 옛길 그대로이다. 개발한답시고 길을 파헤치고 물길을 틀었다면 가파른 오르막길이 이번 폭우에 온전할 수 있었을까.

비탈길을 하악하악 오르자니, 계곡이 츠왈츠왈, 참매미도 매음매음 화음을 넣는다. 내가 잠시 숨을 고르는 구릉에서는 물발도 주춤한다. 잠시 고인 물은 이내 세를 키워 한꺼번에 곤두박질친다. 하얗게 물거품이 되었다가는 금세 다시 물로 흐른다.

그 짧은 거품의 순간이 개별자 '나'라던가. 네 거품이 크냐, 내 거품이 오래가냐 구분하고 다투지만, 실상은 한가지로 물이란다. 거품은 물이 되어 흐르고 내 안의 번민도 물결에 휩쓸린다. 삼라만상 영겁의 흐름에서 일시적으로 합해진 '헛된 나'가 잠시 해체되었는가. 스스로 나를 잊는다.

어디선가 작은 나비가 날아와 팔랑거리며 무아몽의 나를 깨운다. 나비 따라 다시 발길을 옮긴다. 산 중턱에 이르자 길은 계곡을 버리고 만일사 돌담 옆을 따른다. 여기부터는 돌계단 길이다.

한발 한발 디딘다. 돌 사이에 자라는 구절초 푸른 잎이 싱그럽다. 한 잎 비벼 코에 댄다. 장차 꽃이 만발하면 온 산이 향기로울 테지.

그냥 지나치기 아쉬워 뒤를 돌아본다. '이렇게 질서정연할 수가, 이토록 조화로울 수가!' 각각의 돌계단이 꿈틀거리는 하나의 생명체를 이룬다. 영상이라도 담아두려고 스마트폰을 꺼내다가 이 또한 탐욕이지 싶어 그만둔다.

마흔여덟 징검돌을 지나니 오도카니 서 있는 빗돌이 나타난다. 크지도 다듬어지지도 빛나지도 않는, 그저 푯돌일 뿐이다. '晩日寺', 저물 晩이라니…. 안내판의 설화를 통해 궁금증을 푼다.

아득한 날에, 백학 한 쌍이 인근 성불사 암벽에 내려와 불상을 조성하기 시작했다. 그러던 중 사람의 기척에 놀라 날아오른다. 하늘에서 굽어보니 이곳 만일사 자리가 더 좋아 장소를 옮겨 다시 불상을 조각하기 시작하였다. 그러자니 날이 저물어 이마저 중단한 채 다시 날아가 버렸다. 그것으로 그만이었다.

날이 저물어 미완으로 남겨진 마애불, 그래서 사찰 이름이 晩日寺란다. 충청남도 문화재 자료 제255호로 지정되었다는 만일사 마애불은 설화를 입증이라도 하는 듯 윤곽만이 희미한 미완의 상태이다. 매화나무지의인가, 거뭇거뭇한 생명체가 눈, 코, 입을 마저 그리는지 불두에서부터 번져가고 있다.

미완의 마애불에서 나를 본다. 어떻게 완성에 이를 수 있을까. 불법에 의하면 허튼 미망과 잘못된 이해를 버리고 올바른 이치를 깨달은 후에 해탈 즉 완성에 이를 수 있다고 한다. 아득하기만 한 경지이다. 날이 저무는 것도 모르고 애별리고愛別離苦, 원증회고怨憎會苦…, 팔고의 화택에 갇혀 허덕이다가 백학의 뒤를 따라 올라가야 하는 건 아닌지. 문득 조급해진다. 삼배라도 올려볼까 하고 관음전을 기웃거리다가 청아한 목탁 소리에 뒤편으로 물러나고 만다. 시원한 바람이 불어오는 쪽으로 고개를 돌리니 붉은 나리 몇 송이가 흔들리며 자연 동굴 입구를 가리킨다.

고개를 숙여 안으로 들어가자 한여름이 무색하게 산득하다. 햇살마저 비켜 준 고요함 속에서 암벽의 불상과 마주 선다. 나도 모르게 지폐를 한 장 꺼내 놓고 두 손을 모은다.

마애불과 석불좌상 외에도 내 의식의 내밀한 서랍을 열게 하는 게 또 있다. 법당 앞에 있는 만일사5층석탑과 법당 안에 있는 성거산 천성사명금동보살입상 등이 그것이다.

고요하고 아늑한 만일사 경내를 한 바퀴 돌아서 왔던 길로 내려간다. 희미한 마애불의 형상을 가슴에 담고 간다. 접은 날개를 다시 펴 보리라. 백학이 암벽을 쪼아 불상을 새기듯 하루하루의 허튼 미망과 잘못된 이해를 다시 조리라. ≪잠 못 이루는 밤을 위하여≫의 저자 힐티도 곤란 없는 데에 행복이 있는 것이 아니라 그것을 훌륭히 극복하는 데에 있다고 했다. 겨드랑이가 군시럽다.

불난 집에서

수요일은 기다려서 맞이하는 날이다. 깊은 숲속에서 촬영하는 텔레비전 프로그램 '나는 자연인이다'를 시청할 수 있어서이다.

오늘도 화면은 기대에 부응하고 있다. 외손녀 웃음소리를 내며 계곡물이 바위틈을 달린다. 와하하 웃다가 물길에서 이탈한 물방울들을 물가 푸른 이끼가 손잡아 준다. 키 큰 나무들이 햇빛을 독차지하여 그늘뿐인 자리지만, 바람결에 스치는 찰나의 에너지만으로도 이끼는 몸을 키운다. 콩 한 쪽도 나눠 먹자는 속담을 배웠는지 잘나고 못난 놈 없이 고르게 자라 푸른 융단이다. 깨져 모난 돌도 그들이 감싸 덮으니 부드러운 곡선을 이룬다.

훼손되지 않은 자연의 조화를 보며 위안의 다독임을 받는다. 마음이 씻기는 쾌감을 느낀다. 매체 너머 현장으로 달려가고픈 충동에 이끌린다. 그곳에 가면 수壽, 부富, 강령康寧, 유호덕攸好德, 고종명考終命 다섯 가지 복을 다 누릴 것 같다. 흉단절凶短折이나 질疾, 우憂, 빈貧, 악惡, 약弱 따위의 화는 피할 수 있을 것만 같다.

생각이 거기에 미치자 시선은 화면을 떠나 초점을 잃는다. 일단 한번 가 볼까나. 내비게이션에 무슨 글자를 입력하지? 상상은 꼬리를 물고 경치 좋은 산자락에 통나무집을 지으며 얼마간 이어진다. 그러나 이내 막다른 곳, 현실의 벽에 닿고야 만다.

어릴 때 자연은 숭배의 대상이었다. 알맞게 비를 내리고 햇빛을 주시어 농사가 잘되게 해 달라고 마을 어른들은 산이고 나무고 바위고 금줄을 치고 떡을 쪄 바쳤다. 복을 내려 주십사고 정화수 떠놓고 달에도 절을 올렸다.

좀 자라니 그런 행위가 타파해야 할 미신이라 가르쳤다. 두려움의 대상이던 자연은 한낱 인간의 욕망을 채워 줄 개발의 대상으로 전락한 것이다.

부수고 파헤치고 베어낸 결과 이제 내가 사는 곳에서는 창문을 열어도 고작 회색의 자투리 하늘밖에 볼 수 없다. 집을 나서 봐도 인위적 구조물들로 온통 회색 천지이다.

시선이 다시 화면의 숲속으로 돌아간다. 매체는 어느새 시간을 훌쩍 뛰어넘어 밤을 전하고 있다. 낮에 먹을거리를 찾아

산속을 종횡무진이던 날다람쥐는 이번 주 방송에서도 어김없다. 사그라져가는 장작불 옆에 풀썩 주저앉아 회한의 눈물을 흘린다. 더는 만날 수 없는 '그 사람'이 그립단다. 끊어버린 인연의 상처로 아프단다. 별은 짙은 어둠에서 더욱 뚜렷하다. 얼마나 외로웠으면 돌덩이를 세워놓고는 이름을 적고 모자까지 씌워 놓았을까.

불가에서는 인생을 여덟 가지나 되는 번뇌와 고통이 이글거리는 불난 집, 즉 화택에 비유한다. '자연인'은 화택에서 믿었던 측근에게 재산을 다 잃고 마음의 병을 얻었다. 팔고의 불길 중에서 싫어하고 혐오하는 것들과 부딪혀야 하는 괴로움만이라도 떨쳐 보려고 첩첩산중으로 피신했다. 그러나 좋아하고 사랑하는 대상들과 헤어져야 하는 또 다른 고통이 뒤따라올 줄은 미처 몰랐던 모양이다.

내면에서 갈등하는 힘들이 전쟁을 시작한다. 행복은 어디에 있는가. 존재 세계의 기본단위이자 해체될 수 없는 '나', '나'를 온전하게 보존하기 위해서는 타인과 부딪히고 경쟁하고 다툴 수밖에 없다. 그러나 타자 또한 그에게는 '나' 아닌가. 화택일 수밖에.

그런데 그 속에 행복이 있다고 한다. 타자와 함께 더불어 사는 사회적 관계 속에서, 서로가 서로에게 침해될 수 없는 사회적 공유의 기반이 형성된 자리가 비로소 행복의 터가 된단다. 동서양을 막론하고 선인들은 행복의 근본조건이자 목표는 그러한 도덕적 구현이라고 주장했다. 그들의 책을 '자연인'의 눈물에서 다시 읽는다.

생태학적 견해로도 산골을 찾아가 고립되어 사는 삶은 생각해 볼 여지가 많다. 나 혼자 잘 살겠다고 깨끗한 자연을 찾고, 웰빙 운운하며 내 가족에게만 깨끗한 음식을 찾아 먹이는 것은 따지고 보면 더 많은 자연을 훼손하는 일이다. '나'의 삶이 생태계의 연결망 속에서 조화를 이루어야 비로소 우리는 물론 우리의 아이들로 이어지는 후세까지 진정한 자연인으로 행복을 누릴 것 아닌가.

그런 줄 알면서도 매주 이 프로그램을 즐기는 화택의 나를 들여다본다. 불길을 잡아보겠다고 허우적거리며 오히려 더 큰 불길을 키우고 있는 건 아닌지…. 내 안에 넘실거리는 욕망의 불길이, 완성된 자아의 바람으로 훅 꺼질 혜안의 그 날은 언제 어디로 오려나.

이제 화면에서는 방문자가 '자연인'을 떠나고 있다. 다시 고립될 '자연인'은 멀어져가는 방문자를 향해 손을 흔들어댄다, 다시 한번 꼭 오라고. 눈물이 그렁그렁해진 '자연인' 곁에는 나뭇가지를 입에 문 강아지만이 알짱거린다. 누군가를 기다리며 삭아가는 처마 밑 약초며 산나물 봉지들을 자막이 올라가며 밟는다.

새야

딸아이가 떠났다. 사람 하나 차지했던 공간이 그렇게 컸던가. 집 안이 휑하다. 소리도 빠져나갔는지 진공 속처럼 이명이 울린다. 떠난 건 잊고 올 날만 기다리자고 다짐하건만 현실의 공허감은 속일 수 없다.

휑한 공간을 더듬다가 수련으로 눈이 갔다. 유리창 안으로 들어온 다스운 봄 햇살에 새잎을 쏘옥 쏙 내밀었다. 생글생글 웃음이 얼마쯤의 공허감을 달래 준다.

며칠 전 꽃이 피기를 재촉하는 마음으로 자배기를 창밖에 내어놓았다. 어디선가 덩치가 꽤 큰 새 한 마리가 날아와서 자배기 안의 물로 조조조 목을 축였다. 새는 머루 같은 눈으로 주위를 살피다가 나와 눈이 마주치자 호로록 날아갔다. 얼굴만 잠깐 보여주고 떠난 딸아이만큼이나 아쉬움이 남는다.

또 와 주지 않을까? 다음 날 창가에서 서성거리는데 검은 물체가 돌멩이처럼 툭 날아들었다. 기다리던 새였다. 목이 몹시 말랐는지 연신 물을 찍어 고개를 쳐들고 삼켰다. 그러다가 아예 몸을 자배기 안으로 퐁당 집어넣고 양 날개로 물장구를 치며 파닥거렸다. 너무도 귀여워서 사진을 찍어 두려고 휴대폰을 조작하는 사이 새는 또 사라지고 창문에 물방울만 어지러이 뿌려져 있었다.

그리고는 며칠 동안 오지 않았다. 가뭄이 심해서 계곡마다 허연 바닥이 드러났는데 어디서 갈증을 달랠까. 똑같은 모양의 아파트 숲에서 우리 집을 찾지 못하는 건 아닌가. 아니면 공해로 시야가 흐려져서 길을 잃었을까. 일자리 따라 떠난 딸애를 그리듯 목을 늘였다.

마침내 또 날아왔다. 이번에는 혼자가 아니고 짝을 데리고 왔다. 친구를 소개하는 것일까. 까만 눈으로 나를 빤히 보더니 자배기 안으로 퐁당 들어갔다. 함께 온 새에게 뽐내려는 듯 유리창에 물을 튀기며 요란하게 파닥거렸다. 나는 숨마저 죽이고 그들의 귀여운 모습을 지켜보기만 했다. 그러나 새들은 오래 있어 주지 않았다.

어떻게 하면 자주 오게 할까? 시장에 가서 모이를 사다가 수련 자배기 옆에 펼쳐 놓고 기다렸다. 그러나 더는 오지 않았다.

간밤에 봄비마저 듬뿍 내렸다. 이제 새는 목 축일 물을 찾아

다닐 필요가 없을 것이다.

수련 꽃이 필 날은 아직 멀었는데 손님으로 왔던 새는 오지 않는다. 제 밥벌이하러 떠난 딸아이도 이제는 잠시 들르는 손님이 되었으니 기다림만 커간다.

어디로 가게 되나

입몰만큼 공평하고 엄혹한 일이 또 있을까. 내 살아온 세월이 살날보다 길고, 내 어떤 이는 침상에서 그것을 준비하고 있으며 또 어떤 이는 이미 그 길을 떠났다. 아버지는 내 나이보다 두 살이나 아래셨을 때 다이몬의 마중을 받으셨다. 이제 죽음은 내 가까이에서 서성대며 나도 어김없이 가야 한다는 사실을 수시로 귀띔한다.

존경하는 어느 문인은 "죽으면 다 끝"이라 하셨다. 끝이라면, 놓쳐버린 어머니를 어디서 어떻게 다시 뵙는단 말인가.

플라톤의 저서 ≪파이돈≫은 죽음을 소재로 한 철학서이다. 이 책이 플라톤의 대화편 중에서도 영혼 불멸이라는 주제로 쓰였다는 사실을 알고 있었기에 꼼꼼히 읽어 끝이 아니라는 것을 확인하고 싶었다.

책에 빨대를 꽂아 활자들을 빨아들이듯 목차부터 훑어 나갔다. 서문 다음에 작품 해설과 작품 개요가 있고, 이어 등장인물이 작은 글씨로 박혀 있었다. 그리고는 다음 줄에 큰 글씨로 본문과 주석이 55쪽부터라고 씌어 있었다.

얼마 전 문화센터에서 만난 '언어 천재 조승연'은 안심스테이크 씹듯 꼭꼭 씹으며 천천히 독서하라 했는데 성급한 마음에 대뜸 55쪽을 폈다. 액자 구성의 바깥 이야기가 시작되었다. 소크라테스의 다른 제자가 파이돈에게, 스승이 약 마신 그날 곁에 있었느냐고 묻는다. 파이돈이 그렇다고 하자 그가 죽음을 앞두고 한 말들은 무엇이며 어떻게 최후를 맞이했는지 재차 묻는다. 그에 대한 대답이 본 이야기이다.

나는 다시 책장을 후르르 넘겼다. 164쪽에 다다랐다. 드디어 기원전 399년, 고대 아테네의 문 열린 어느 감옥, 소크라테스 최후 장면에 당도했다. 자크 루이 다비드의 그림 〈소크라테스의 죽음〉에서 독미나리 찧어 만든 사약을 앞에 두고 태연하게 손가락으로 하늘로 치켜든 소크라테스가 오버랩 되었다.

소크라테스, 아직도 사람들의 기억 속에 온전히 살고 있는 서양철학의 아버지가 책 속에서 죽어간다. 약사발을 건네는 이에게, 자네는 이 일에 정통할 테니 뭘 해야 하는지 가르쳐 달라고 한다. 그저 마시고 거니시다가 다리가 묵직해지면 침대에 누우시라 한다. 그러면 그것이 스스로 작용을 할 것이라 한다.

잠시 후 그것이 작용하고 있음을, 누군가가 그의 정강이를 누르며 굳어가고 있는 것으로 확인한다. 그는 차가운 기운이 심장에 이르면 떠나게 될 것이라고 말한다. 배까지 차가워진다. 그때 문득 소크라테스가 얼굴 덮은 것을 벗기며

"크리톤, 우리는 아스클레피오스에게 닭 한 마리를 빚지고 있네. 부디 갚아 주게, 잊지 말고."

라고 한다. 그리고는 더는 물어도 대답을 하지 못한다. 얼마 지나지 않아 몸을 한 차례 떤다.

잠시 후, 사람들이 입을 다물어드리고 멈추어 있는 눈을 감겨드렸다고 씌어 있었다. 나는 한참이나 속에 갇혀있던 숨을 길게 뿜어냈다. 그런데 숙연함 저 귀퉁이에서 물음표가 스멀스멀 기어 올라오는 것을 느꼈다.

하필이면 마지막 말이 빚을 갚으라는 것이라니…. 아스클레피오스는 또 누구인가. 스마트폰 검색창에 '아스클레피오스'를 쳐 보았다. 아테네에서는 병에서 회복되면 치유의 신인 아스클레피오스에게 닭 한 마리를 바치는 풍습이 있었다고 적혀있다. 소크라테스는 일생을 영혼의 치유과정이라 여기고 죽음에 이르러서야 드디어 영혼이 회복되는 것으로 단정한 것이었을까? 확인해야 했다. 궁금증은 빠른 손놀림으로 다시 책장을 거꾸로 넘기게 했다.

처음부터 다시 읽었다, 안심스테이크를 씹듯이. 책장을 수월하게 넘기지 못한 이유가 또 있다. 가독성을 높이기 위해

원전을 자연스러운 문장으로 풀어썼다고는 하지만, 철학은 철학이었다. 이해되지 않는 부분은 되짚어 넘겨 다시 읽었다. 뒤편의 각주를 살피기도 하고 스마트 폰으로 보충자료를 검색하기도 했다. 다만 수많은 대화가 가지를 치다가 결국 '영혼 불결'이라는 종착점으로 모이는 데에서는 고개를 끄덕일 수 있었다.

파이돈을 비롯한 여러 제자가 지켜보는 가운데 소크라테스는 영혼 불멸에 대한 논리를 펴 갔다. 백조는 평소에 울지 않다가 죽어야 하는 것을 알고부터는 최고의 노래를 부른다고들 한다. 사형 집행을 앞두고 감옥에서 펼친 이 대목이 백조의 노래가 아니고 무엇이랴.

소크라테스는 죽음이 결코 노엽지 않기에 태연히 맞이할 것이라 한다. 제자 케베스와 심미아스가 그 근거를 설명해 줄 것을 요구하자 한 마리 백조는 최고의 노래를 시작한다. 진정한 철학자는 살아가는 내내 죽음을 열망한다. 죽음은 몸으로부터 영혼의 해방일 뿐 결코 소멸이 아니다. 죽음은 삶의 완성이며 더 나은 삶을 이루는 터전이 된다고.

지폐 두 장

내가 나가기를 기다리는 것일까. 딸아이는 거실에서 뭉그적거리면서 일어설 줄을 모른다. 무얼 찾는지 부스럭거리는 소리가 화장실 문틈으로 새어들어 온다. 혹시나 제 손가방을 뒤지는 건 아닐까. 나는 딸아이에게 도둑 아닌 도둑의 심정이 되어 가슴이 두근거렸다. 볼일도 없이 화장실에 들어온 터라 시간은 너무도 더디 갔다. 가지고 들어 온 신문을 펼쳤지만, 글자가 눈에 들어올 리 없다. 변기에 앉아 얼마 동안 숨을 고르고 나자 굵직한 타이틀이 눈을 끌어간다. '침몰한 천안함 실종자 46명은 과연 생존해 있을까?' 누구나 관심거리겠지만, 아들을 군에 보낸 어미에게는 기우를 끌어들이게까지 하는 특종기사다.

거실에서 옷가지를 매만지는 소리가 새어 들어온다. 무얼 찾는가? 어쩜 나를 기다리는지도 모르겠다. 그러나 나는 뚜껑 덮은 변기에 앉아서 시간을 뭉갠다. 딸아이가 가기 전에 나가서는 안 된다.

뻐꾸기시계가 일곱 시를 문틈으로 알린다.

"엄마, 나 가!"

언제 들어도 애티가 가시지 않은 목소리가 문틈으로 들어온다. 이어 현관문 닫히는 소리가 화장실 안으로 들어왔다가는 멀어진다. 현관문 소리에 끌려나오는 딸의 깊은 정이 애잔한 여운으로 남는다. 며칠 전 아들을 휴전선 근처 입영소에 데려다주고 나서 어디 한쪽이 떨어져 나간 듯 허전했는데 그것을 눈치 챈 모양이었다. 바쁘고 피곤할 텐데도 일부러 시간을 내어 제 동생의 빈자리를 대신 채워 주러 왔을 게다.

나는 비로소 문을 열고 나왔다. 혹시 제 지갑을 열어보고 꺼내놓지는 않았을까? 거실 바닥을 둘러본다. 다행히 눈에 띄는 게 없다. 넣어준 도둑질은 들키지 않았다.

시계소리가 유난히 크다. 방 안을 둘러본다. 얌전하게 개어놓은 빨래와 옷가지를 매만진 흔적이 봄날의 아지랑이 되어 아른아른 하늘거린다.

멀리서 산비둘기가 먹피를 쏟으며 운다. 먼 하늘에 새털구름이 실타래처럼 풀어지며 산등성을 넘는다. 버스는 탔을까? 시계를 보니 떠난 지 십 분이 채 안 되었다. 손가방을 열어보고 되돌아올지도 모른다 생각하니 또 가슴이 뛴다. 시계소리가 괴괴한 집안을 가득 채운다.

아이의 방문을 열어본다. 벽에 걸려 있는 옷을 손으로 쓸어본다. 웃음소리가 바지에서 묻어나온다. 얼굴을 비비는 바짓가랑이의 촉감이 여린 뺨에 닿은 듯하다. 먼 거리를 두고 전해오는 숨소리도 들린다.

떠난 지 30분 되었다. 이젠 버스를 탔겠지, 안도감이 가슴을 쓸어내리자 휑한 공간에 뾰로통해진 애의 얼굴이 보인다.

솜덩이 구름 한 떼가 앞산 마루턱을 넘는다. 산비둘기가 가까이 다가와 운다.

지폐 두 장이었다. 딸이나 나나 변변치 않은 벌이에서 거래되는 딴으로는 큰돈이다.

하마 전화 올 때가 되었는데……. 뿌리쳤을 거금이 지갑 안에서 발견되었을 때는 가난한 어미의 주머니를 턴 도둑만큼이나 마음이 아프겠다 싶어 편하지는 않았다. 지갑 안에는 달랑 만 원짜리 한 장에다 천 원짜리 두어 장만 있었다. 산비둘기 울음이 자리를 뜨고 나자 참새 한 마리가 째릉째릉 빈 집안을 울린다. 그 소리에 묻혀 들릴 듯 말 듯 울리는 전화벨소리! 그 애일 것이다. 볼멘소리를 겉가량으로 생각하고 멋쩍게 전화기를 연다.

"그런 게 어딨어? 완전 반칙이야, 이건…."

원망이 석류알처럼 전화기에서 쏟아진다. 그 소리를 듣기나

한 것처럼 파릇이 돋아난 수련 잎은 방실방실 웃는다. 산마루를 넘어온 아침 햇살도 맞장구친다.

고결한 성역 사람들

땡

마음으로 보는 아이

백설공주의 화장실

새로 쓰는 토끼와 거북이

신나게 놀자

엄마 되고 딸이 되어

유리 인형

정답과 진실

죄송혀유

고결한 성역 사람들

어린이라면 다 사랑스럽지만 유독 눈에 띄는 아이가 있다. 진기와 재인이가 그렇다. 아이들을 지도하는 사람으로서 편애는 금물이지만 나 자신도 모르게 마음이 끌리는 것을 어쩌랴.

진기는 떡 벌어진 어깨하며 외모부터가 호탕한 쾌남아다. 외모만큼이나 마음씨 또한 어른보다도 너그럽다. 아이들이 말다툼을 하거나 티격태격 병아리싸움을 하면 그 사이에 뛰어들어서

"하하, 둘 다 만세!"

하고 두 사람의 손을 번쩍 들어주는 데에는 풀리지 않을 응어리가 어디 있겠는가. 헌헌장부의 호탕한 웃음소리에는 너요 나요 하면서 시시비비 가리고 물고 뜯는 졸장부 어른들도 품어 안을 만한 도량이 엿보였다. 논술시간에 이리저리 뒤슬러가며

생각해서 써 내는 글을 보면 지도하는 나로서도 경탄을 금할 수 없다.

또 하나 재인이는 언제나 머금고 있는 미소가 모든 사람에게 호감을 살 만한 아이이다. 그런 데다 차림새 또한 단정하고 산뜻하다. 옷가게를 연 저의 엄마가 골라 입혀서일 것이다. 그러한 아이가 마음 씀씀이 또한 고와서 말다툼 한 번 하는 일 없고 얼굴 한 번 붉히는 일이 없다. 상대 쪽에서 뭐라고 따지고 대들면 그냥 웃어넘길 뿐이다. 말수가 적은 데다 책을 많이 읽어서인지 도량이 엿보인다. 토의학습을 할 때면 웃는 얼굴로 남의 이야기를 듣고 있다가 제가 발표할 차례가 되면 이제까지 앞사람이 발표한 내용을 요약정리하고 나서 독자적인 제 의견을 내놓는다. 그래서 재인이의 발표 내용을 결론으로 매듭짓는 경우가 허다하다.

진기하고 재인이 두 아이를 내놓고 인기투표를 한다면 어느 쪽의 표가 많을까? 나는 가끔 그런 생각을 해 본다. 진기 쪽이 호탕하고 동적이라면 재인이는 정적이고 지적이면서도 감미로운 미감을 안겨준다고 할까. 두 아이는 성적도 비슷비슷하다. 따르는 아이들의 수로 보아도 둘 사이는 백중지간(伯中之間)이다. 그러면서도 경쟁의식 없이 다정하게 어울린다. 나 또한 두 아이 사이의 우정에 금이 갈까 봐서 수업시간에 발표를 시키거나 질문을 할 때도 공평하게 하려고 무척 애를 쓴다.

그러한 두 아이가 똑같이 어린이회장 선거에 출마하게 되었다. 선거판이란 상대방을 깎아내리고 헐뜯는 싸움판이기 마련인데, 사이좋은 두 아이가 혹시 틈이라도 벌어지면 어쩌나 하고 걱정이 되었다. 하지만 그것은 어른들의 세계에서나 보는 기우였다.

소견발표를 며칠 앞두고 진기는 나에게 연설문을 써서 보아 달라고 했다. 의당 보아 줘야 옳다. 그런데 문제는 선생님이 진기만 보아 준다는 말을 들을까 싶어 걱정이었다.

"재인이도 써 가지고 올 텐데 같이 보면 어떨까? 두 사람이 쓴 내용이 비슷하거나 같으면 안 되니까 비교해 가면서 보는 게 좋을 텐데."

내 딴에는 편견이나 편애라는 누명을 벗기 위해서였다. 그런데 진기의 입에서 나오는 말이 나를 어리둥절하게 했다.

"그 애 것은 글짓기 잘하는 진아더러 써 주라고 했어요."

"왜, 네 건 써 달라지 않고 재인이 것을 써 주라고 했니?"

진아가 진기의 여자 친구라는 것은 누구나 아는 사실이었다. 그런데도 말이 그렇게 나오니 혹시 진아와 진기 사이가 벌어진 건 아닐까 해서 물어본 말이다. 그런데 그다음에 나오는 진기의 말이 더욱 의아스러웠다.

"그래야 사나이답지 않아요?"

하면서 뒤통수를 긁적거리는 진기, 라이벌인데도 그렇게 서로를 밀어주고 끌어주면서 우정에 금이 가지 않게 하려는 두 아이의 이야기를 어른들은 과연 믿어 줄까? 나 또한 그 세계를 거쳐 왔을 테지만 도무지 기억이 나지 않는다.

연설문만이 아니고 두 후보 진영의 아이들은 편을 가르지 않고 함께 어울려서 벽보며 어깨띠를 만들고 있었다. 이 또한 어른들은 상상도 못 할 풍속도였다.

선거 날이 되었다. 둘 중에서 하나는 떨어지게 마련이다. 그렇게 되면 두 아이의 우정이 어떻게 될까? 둘 다 당선시킬 수는 없을까? 나는 낙선될 아이가 걱정되는 한편, 두 아이가 투표소 안에 들어가서 누구를 찍었을까 하는 호기심도 일었다.

두 아이는 근소한 득표 차로 진기는 회장, 재인이는 부회장이 되었다고 보고했다.

"너희 다 자기 찍었지?"

궁금하던 차에 나는 장난기를 섞어 물었다.

"에이, 쩨쩨하게 어떻게 자기를 찍어요."

하는 건 재인이었고

"우리는 시시하게 그런 짓 안 해요."

하는 건 진기였다. 우리는 그렇게 시시한 어른들 흉내는 내지 않는다는 말이다. '우리는'이라고 차별을 두는 그 말에는 자신들이 고결한 품성을 지닌 어린이라는 자부심이 담겨 있는 듯했다.

내가 서 있는 여기 성 밖에는 지금 상대방에게 흠집을 내면서 나만이 할 수 있다고, 그동안에 비장하고 있던 정책을 핏빛

도는 함성으로 쏟아내며 지지를 호소하고 있다. 여기 이 사람들도 예전에는 저 성역 사람들처럼 '우리는'이라는 구호를 외쳤을 텐데 다시 그 안으로 돌아갈 수는 없을까? 그리고 득표에 따라 회장 부회장 이런 식으로 직책을 정하고 그런 조직에서 그 동안에 비장해 온 정책을 펼친다면 우리는 세계 어느 나라보다도 큰 나라가 될 텐데….

오늘은 어린이회의가 있는 날이다. 나란히 비어 있는 두 아이의 책상과 의자가 더없이 정겨워 보인다.

땡

말마디깨나 하는 놈은 가막소로 가고요,
힘깨나 쓰는 놈은 탄광으로 간다네.
물 좋고 산 좋은 데는 일본 놈이 살고요,
인물깨나 생긴 년은 갈보로 팔려 가네.

서슬 퍼런 일제강점기에 몰래 부르던 아리랑 노래란다. 첫 대목에서 '말마디깨나 하는 놈'이 갈 곳은 '가막소'라고 못 박았다. 일본은 왜 '말깨나 하는' 사람을 가막소에 가두어야만 했을까. 말의 위력을 유추할 수 있는 부분이다.

이제 시대가 바뀌어 말만 잘하면 천 냥 빚을 갚고도 남아 돈방석에 올라앉는 세상이 되었다. 법복도 금배지도 제쳐놓고 텔레비전 화면에서 시청자의 아픈 곳을 어루만지고 웃음을 주는 방송인들을 보노라면 또 한 번 그 위력을 실감하게 된다.

그런데 나는 말을 잘 못 하여 스스로 '가막소'에 갇힌 적이 있다.

그날, 녀석의 등장은 좋았다.

"마하바냐바라바라바라…."

알 수 없는 음절들을 한참이나 늘어놓더니 볼살을 목탁처럼 동글게 부풀려 한 손으로 톡톡 두드렸다. 마치 절이라도 할 양으로 내림목탁 소리를 냈다. 그럴싸했다. 한 번 더 볼살을 늘려 시작을 알리는 송주 목탁소리까지 냈다. 볼이 벌겋도록 두드리는 모습이 우스꽝스럽고 한편 귀여웠다.

한바탕 웃고 나서 녀석의 신호대로 수업이 시작되었다. 그러나 책은 펼 생각조차 하지 않는 녀석에게 무언의 눈길을 보냈더니 예의 딴지로 답해왔다.

"선생님, 반야심경이 무슨 뜻인지 아세요?"

"그런 거 시험에 안 난다아, 책 펴세요!"

평소처럼 전날 배운 내용으로 5분 테스트를 시작했다. 녀석은 좀 전의 혈기왕성한 모습과는 어울리지 않게 모깃소리로 우물거렸다.

"큰 소리로!"

"ㄴ…ㅇ…."

"땡!"

하나라도 더 가르치려는 조급함에 그랬다. 그러나 그것으로 녀석의 그날 수업도 '땡'이 되고 말았다. 틀렸다는 내 "땡"에 "왜요?"라며 떼를 쓰는 것이었다. 주의를 환기시켰지만, 오히려 분노의 불길에 가연성 물질로 더해졌다. 일그러진 얼굴로 노려보더니 쥐고 있던 연필을 단숨에 부러뜨렸다. 이어 칠판을 향해 부러진 연필을 내팽개쳤다. 날아가는 연필을 가까스로 피한 옆자리 친구에게서 볼멘소리가 터졌다. 그러자 불길이 그리로 방향을 틀었다.

공부하기 싫으면 가라고 했다. 그 말을 기다리기나 한 듯이 책가방도 제대로 챙기지 못한 채 급히 강의실을 나가버렸다. 남은 아이들에게 시간을 지체한 것에 대해 사과하고 녀석의 행위에 대해 이해를 구했다.

한참 후 아이들이 문제 푸는 틈을 타서 살며시 나가보았다. 집에 가 봐야 부모님께 야단이나 맞을 것이 뻔하니 보나마나 빈 강의실이나 계단 어디쯤에 쭈그리고 있을 것으로 생각했다. 그때쯤이면 불길도 사그라져 손을 잡아끌면 못 이기는 척 따라 들어오리라.

그런데 없었다. 걱정되었다. 공부를 시켜야 하는 내 의무를 다하지 못한 자책까지 더해져 마음이 편치 않았다.

어렵사리 일과를 마쳤지만, 녀석은 머릿속에 그대로 남아 있었다. 이렇게 실랑이를 하느니 차라리 아예 오지 말라고 해야 하나. 그러나 곧 고개를 저었다. 한 달에 한 번씩 빳빳한 봉투에 예쁜 글씨로 감사 인사까지 적어 보내오는 수강료 때문만은 아니었다. 기복이 심한 성격 탓에 친구들과 잘 어울리지 못하고 장난감을 들고 다니며 혼자 노는 아이, 반복하고 반복하여 가르쳐도 가끔 안 배웠다고 시치미를 떼는 아이를 차마 모른 체 할 수 없었다.

하루는 틀린 답이 더 많은 시험지를 앞에 놓고 오답풀이를 해 주며 뭐라 몇 마디 했더니

"그래두 두 과목 합치면 백 점도 넘는데 왜 그러세요!"

라는 바람에 할 말을 잃고 웃고 만 적도 있다.

나 같은 사교육 종사자는 그런 아이를 위해 존재해야 한다고 생각한다. 한 분야에 능력이 뛰어나 특별지도가 필요한 경우도 있지만, 이 아이처럼 학습능력이 부족할 때는 보충학습이 필요하다.

학원의 생리가 일등을 목표로 할 수밖에 없는 현실이나, 페다고지는 한 줄로 세우는 서열 교육이 아니라 누구나 목표한 수준에 도달하는 평등 교육이어야 한다고 생각해왔다. 그런 점에서 상대평가를 하지 않는 핀란드의 교육철학에 관심이 많다. 국제학업성취도 비교평가에서 그 나라가 단골 1위를 차지하는 걸 보면서 내 생각이 옳다는 믿음을 굳혔다. 결코, 우리나라 현실이 그렇지 못할지라도, 내가 핀란드 교사들처럼 훌륭한 자질을 갖추지는 못했을지라도 그런 교육을 하고 싶었다. 이 아이를 붙잡고 있는 것이 다른 아이들에게 일정 부분 방해가 될지도 모른다. 그럴지라도 나는 이 아이를 포기해서는 안 된

다고 생각했다.

그러나 가치 있다고 믿는 일이 항상 보람을 안겨 주는 것만은 아니었다. 한바탕 난리를 치르고 나니 힘이 빠졌다. 나는 뭔가. 과연 이게 참된 삶일까. 하루 일과가 개운치 않아서 퇴근 시간인데도 창가에 서서 허공만 바라보았다.

돌이켜 생각하니 '땡'이라는 말, 사건의 실마리는 그거였다. 탈무드에서는 한 장사꾼의 입을 빌려 "인생을 참되게 사는 비결이란 자기 혀를 조심해서 사용하는 것이다."라고 했다. 그동안 공부하지 않으려는 아이들과 시켜야 하는 내가 실랑이를 거듭하면서 나도 모르게 말투가 거칠어졌다. 자신 없어 우물거리는 아이에게 '땡!' 하지 말고 격려의 따스한 말로 좀 기다려 주었으면 어땠을까. 아이의 입장을 배려하지 못한 내 말로 그 아이가 상처를 입었을 것이다. 마음속으로 아무리 위하면 뭐하나. 혀는 몸을 찍어 내리는 도끼라고도 하는데, 평소에 '빨리 하세요!' '틀렸어요!' '땡!' 이라고 다그친 말이 학습능력이 부족한 그 아이에게 도끼로 다가갔을지도 모른다. 생각이 거기까지 이르자 미안하고 부끄러웠다.

그 일이 있었던 후부터 '땡!'이라는 말은 하지 않는다. 습관이 무서운지라 부지불식간에 그 말이 튀어나와 또 '가막소'에 갇히게 될까 봐 조심한다. 모든 화는 입으로부터 나간다는 말을 마개 삼아 입을 반쯤 막았다. 산만할 뿐이지 지능이 떨어지지 않는 아이는 그럭저럭 진도에 맞춰 따라오고 있다.

마음으로 보는 아이

같은 사물이라도 받아들이는 마음이 어지러우면 제값을 못하는 법이다. 웃음소리가 들릴 듯한 햇살이건만 내게는 콕콕 찌르는 가시처럼 느껴지기만 했다. 덧두리까지 주어가며 미장원에 다녀온 머리가 마음에 들지 않기 때문이다. 틈만 나면 복도로 나와 거울에 비춰 보지만 몽구리같이 되어버린 머리는 여전히 마음을 불편하게 했다. 새치나 염색해 달라고 했더니 파마까지 권한 미용사가 원망스러웠다.

마음을 달래 보려고 눈길을 창밖으로 돌렸다. 저만치 중학교 쪽에서 헐렁한 교복 자락을 팔랑거리며 여학생 한 명이 달려오고 있었다. 한눈에 신입생인 것을 알았다. 3년을 입을 요량으로 넉넉하게 맞추어 입은 교복이 그걸 말해 주니까. 새처럼 포롱포롱 다가오는 아이의 얼굴을 보니 내가 가르쳤던 아이였다.

얼굴을 보자 마음이 더욱 어두워졌다. 들을 수 없는 아이는 '오'자 '호'자 '혹'자를 다 '오'자로 읽었다. 그래서 아이의 손을 끌어다가 내 입에 대고 입김으로 'ㅇ'과 'ㅎ'을 구분하게 하고, 아랫배에 대고 내 뱃살의 울림으로 끝소리를 가르친 아이이다. 그렇게 해서 7년 만에 초등학교를 마칠 무렵에야 일기를 쓰고, 마음이 내키면 편지도 써서 내 책상에 올려놓곤 했다.

졸업을 앞둔 어느 날, 이제 학원에 오지 않겠다고 했다. 다른 아이들과는 달리 신경이 쓰이는 아이라 속 모르는 사람들은 홀가분하게 되었다고 할 테지만 나로서는 가슴이 아려왔다. 그동안에 아등바등 가르쳐 오다 보니 아이하고 끈끈한 정이 엉겨 있었던지 애잔한 생각만 들었다. 하지만 그 분야에 전문 소양이 없는 나로서는 어쩔 수 없이 보내야만 했었다. 정말으로 가르칠 수 있나.

아이는 내 시야를 벗어나 한참 달리더니 무슨 생각을 했는지 되돌아와 나의 시선을 끌어갔다. 유리창을 사이에 두고 나하고 빤히 눈을 맞추던 아이는 갑자기 동공을 부풀렸다. 변한 내 머리 모양을 보고 놀라는 표정이었다.

"떠데디, 엡뻐오!"

선생님 예쁘다고 머리 위에 두 팔로 하트 모양을 그리는 아이 얼굴에 온통 웃음뿐이었다. 정말로 예쁘게 보여서일까? 청각장애이고 보니 육신의 눈보다 마음의 눈으로 보고 마음으로

소리를 듣는다. 보는 것도 마음으로 보리라. 나에게 끌리는 정으로 초월적 실체를 보는 모양이다. 빼글빼글 몽구리가 예쁘단다.

신체장애를 짊어지고 기우뚱기우뚱 살아야 할 아이의 앞날을 지레 걱정했던 나, 사사로운 머리카락에 마음을 앗겨 자지러질 듯한 웃음소리가 들리는 햇살도 우중충하게만 보았던 나에게 아이는 싱그러운 미풍 한 움큼을 뿌리고 갔다.

백설공주의 화장실

새 학기가 시작되는 학원의 3월은 어수선하다. 문짝을 바꾸면 문틀도 손대야 하듯이 새 사람을 맞아들이자면 교재도 사람에 맞추어 새로 준비해야 하고 교실 환경도 새로 들어올 사람들의 취향에 맞게 해서 낯설지 않게 해야 한다.

새로 들어오는 어린이 중에서 누구보다도 신경이 쓰이는 건 유치원에서 학교로 옮긴 일 학년들이다. 올해 입학한 영웅이는 그중에서도 유별났다. 수업하다가 화장실에 간다고 나가서 우는 아이였다. 담임선생님이 문밖에서 지키고 있어도 무섭다고 했다. 그래서 꼭 집에서만 일을 치르겠다고 떼를 썼다. 할 수 없이 집으로 보내면 수업시간이 거의 끝날 때쯤 되어서야 돌아왔다.

하루 이틀에 고쳐질 버릇이 아니다 싶어 방법을 궁리하던 중인데 하루는 집으로 간다고 나간 아이가 밖에서 울고 있었다. 나가보니 아뿔싸, 바지를 입은 채 길거리에서 일을 보았는지 엉거주춤하고 서 있는 두 다리 사이로 김이 모락모락 피어올랐다. 저 자신도 암담했던지 지그시 눈을 감고 눈물방울만 떨어뜨리고 있었다.

아이의 버릇을 고치자면 원인부터 알아야 한다. 떡볶이를 사서 손에 쥐여 주고 물었다.

"딴 데선 안 돼요. 우리 집에서만 나와요."

입학하기 전에는 아침마다 볼일을 보았는데 학교 다니면서부터 바빠서 집에서도 변을 볼 수가 없다고 했다. 학교에서도 내내 참고 있다가 학원에 왔으니 그 고통이 오죽했을까. 그래서 참다못해 수업시간에 집으로 달려가는 것이었다.

원인을 알았으니 해결책은 간단하다. 무엇보다도 화장실이 깨끗하고 안정감이 드는 분위기여야 한다. 이제 겨우 솜털을 벗고 새로 깃털이 돋아나는 아이들, 그러나 부리는 역시 노란 병아리인지라 벗어버린 솜털에 맞게 보금자리를 마련해 주어야 한다. 그렇다면 어떻게 꾸며야 할까? 도무지 생각이 떠오르지 않았다. 유치원에 근무하는 분들의 조언을 얻을까 하다가 한번 해보자고 출근길에 가게에 들러서 예쁜 그림동화를 사고 벽에 붙이는 향수를 준비했다. 유치원이나 어린이집이라는 느낌이 들도록 하기 위해서였다.

화장실을 천장까지 깨끗이 청소하고 나서 아이의 앉은키에 맞추어 백설공주 그림동화를 보기 좋게 배치하여 벽에 붙이고 향수까지 뿌렸다. 이만하면 왕자님도 모실만한 화장실로 바뀌었다.

그렇게 꾸며놓고 나니 녀석이 투덕투덕 계단을 올라오는 소리가 들렸다. 오늘은 꼭 이곳에서 일을 봐야 할 텐데…. 나는 아이를 맞으면서 제발 내 정성을 받아 달라고 마음속으로 애원했다.

녀석은 수업을 받다가 어김없이 얼굴을 일그러뜨려서 집에 갈 시각을 알렸다. 때가 온 것이다. 싫다는 아이를 꼬드겨서 겨우 화장실에 밀어 넣고는 내가 변비로 신음하듯 초조한 마음으로 밖에서 기다렸다.

제발 성공해다오. 나는 빌고 또 빌었다. 얼마 동안 기척도 없다가 화장실 문이 벌컥 열리더니 녀석이 배시시 웃으며 나왔다.

"어때? 성공했어?"

"유치해요! 백설공주는 유치원 때 보는 거예요!"

녀석은 묻는 말은 삼켜버리고 엉뚱한 소리를 해서 문밖에서 숨죽이며 기다리던 담임과 나에게 폭소를 터뜨리게 했다.

징검다리 사이의 간격이 넓으면 보폭이 작은 사람은 빠질 염려가 있다. 계단이 급경사인 경우 다리가 짧은 사람은 오르지 못한다. 지금은 아날로그가 아니고 디지털 시대다. 그렇다면 우리의 교육도 계단 없이 완만한 경사로 구불구불 올라가는 그런 것이어야 하지 않을까. 느리건 빠르건 제 길 제힘에 맞게 오를 수 있는 학교, 우리의 생애도 그렇게 느슨하게 살 수 있다면 사는 맛이 더욱 진하게 느껴질 것 같다. 아무튼, 선착순만 강요하는, 그래서 낙오자가 생길 수밖에 없는 우리의 현실은 수정되어야 한다.

새로 쓰는 토끼와 거북이

어쩌다 동물원에서 거북이를 보게 되면 그냥 지나치지 못했다. 자는지 깨어있는지 아니, 살아있기나 한 건지조차 분간이 안 되는 답답한 모습이라 한참을 들여다보게 된다. 어김없이 초등학교 시절에 공부한 '토끼와 거북이'의 우화가 떠오른다. 약삭빠른 토끼가 나무 그늘에서 낮잠을 자는 사이 성실한 거북이가 엉금엉금 기어가 결승점에 닿았다는 거북이, 그런 거북이 때문에 소동이 일어날 줄이야.

그때 나는 아직 수업 시작 전이었기에 사무실에서 잡일을 하고 있었다. 어린이들은 하나둘 강의실로 들어가서는 저희끼리 재잘거렸다. 그런데 갑자기 쿵 소리가 났다. 이어 둔탁한 물건이 충돌하는 소리가 들리고 아이들의 재잘거림은 뚝 끊겼다. 숨죽인 아이들이 몰려와서 훈이 형이 이상하다고 했다.

아이들에게 떠밀려서 들어가 보니 한 아이가 닥치는 대로 걷어차고 내던지고 있었다. 눈물이 그렁그렁한 눈으로 나를 흘끗 보고는 걸상에 털썩 주저앉아 두 팔 사이에 얼굴을 묻고 흐느끼기 시작했다. 평상시 보아온 그와 너무나 다른 모습이었기에 아이들보다 내가 더 놀랐다.

그는 거북이처럼 느릿느릿 오고 느릿느릿 가는 아이다. 문제를 풀 때도 느리다. 빨리하자고 채근해도 눈만 한번 끄먹거리고 만다. 그러다 보니 혼자 남아서 나머지 공부를 하는 날이 많다. 다음 아이들의 수업을 위해 못한 부분을 숙제로 내면 하다 만 시험지를 가져올 때도 있다. 그런 어느 날 야단을 쳤더니 그 후부터는 숙제를 내면 아예 결강했다.

그나마 좀 나은 때는 수학 시간이다. 어느 날 사고력을 요구하는 서술형 문제를 쉽게 풀기에 지켜보니 스스로 공식을 응용하기까지 했다. 믿을 수 없어서 경시대회용 문제지를 한 장 내밀었다. 거북이처럼 고개를 주억대긴 해도 문제를 풀어나갔다. 풀다가 막히면 나를 멀뚱히 바라보기도 하고 답을 구해놓고는 원리를 모르겠다며 묻기도 했다. 정답을 쓴 후에는 오히려 부끄러운 듯 시선을 피했다.

그런 모습이 내 의욕을 부추겨서 특별지도까지 하게 되었다. 방학을 이용하여 가장 난도가 높은 수학 교재로 선행학습을 시켰다. 교재는 원리 개념 응용 부분으로 구성되어 있었다. 녀석은 단순히 계산만 하는 원리 편에서는 가끔 오답을 쓰기도 했지만, 난도가 높을수록 강한 집중력을 발휘했다. 느리기는 해도 문제가 요구하는 답을 향해 풀이 과정을 전개하는 모습을 보노라면 한편의 해피엔딩 동화를 읽는 것 같았다. 아이의 풀이 결과가 정답과 일치할 때면 나도 몰래 환호가 튀어나왔다.

그가 좋아하는 게 또 하나 있다. 마술이다. 특히 카드를 이용한 마술을 잘하는데 거북이같이 느린 아이가 빠른 손놀림으로 눈속임하는 게 신기했다. 어쩌다 내 눈에 들키기도 했지만, 마술이 끝나면 "우와!"하며 추임새 넣는 내게, 어디서 어떻게 익혔으며 속임의 원리는 무엇인지 상세히 가르쳐 주었다. 여기저기서 배우기도 하고 스스로 응용하여 계발도 하는 눈치였다. 특별한 기술이라도 익히는 날이면 만날 때까지 기다리지 못하고 동영상으로 촬영하여 카톡으로 보내주기도 했다.

그가 마술을 보여 줄 때만은 스마트폰 게임에 빠져 있던 친구들도 모여들었다. 속임수에 꼬빡 속아 탄성을 지르기라도 하면 빙긋이 웃었다. 교재를 안 가져온 날은 태평하지만, 마술도구를 안 가져온 날은 바람처럼 집으로 되돌아 내달리는 아이에게 그토록 마술에 열중하는 이유를 물었더니 사람들이 좋아하기 때문이라고 했다.

하루는 전에 없이 스마트폰 충전을 부탁해 왔다. 게임을 즐기지 않는 그는 여간해서 그런 일이 없었기에 스마트폰 화면을 들여다봤더니 정말로 배터리 표시의 막대기가 다 없어져 완전히 비어있었다. 동그래진 내 눈을 읽고는 봉서산으로 현장체험을 갔었는데, 그곳에서 핫스팟 기능을 실행했더니 그렇게 되었다고 했다. 핫스팟 기능을 실행하면 배터리뿐 아니라 데이터도 빠르게 소진된다. 반면 주변 다른 스마트폰에서는 무상으로 데이터를 쓸 수 있다. 배터리야 아무 곳에서 충전할 수 있지만, 데이터는 한 달 쓸 수 있는 양이 정해져 있기에 소진하고 나면 다음 달까지 쓸 수가 없다. 물론 추가로 요금을 부담하면 되지만 아이들에게는 무용지물인 셈이다. 그러기에 데이터는 또 하나의 용돈인 셈이다.

그런 사정을 알기에 예전에 무제한으로 쓸 수 있는 핫스팟(와이파이)을 사무실에 설치했었다. 아이들의 반응은 광적이었다. 지각은커녕 너무 빨리 와서 귀찮을 정도였다. 너무나 게임에 빠지는 것은 아닌가 걱정이 되기도 했지만, 수업 시간에는 스마트폰을 보관함에 두기로 한 약속을 잘 지키기에 관망하고 있던 어느 날이었다. 일과를 마치고 어둑어둑한 바깥으로 나오니 어디선가 아이들 목소리가 소곤소곤 들려왔다. 아뿔싸. 위층 층계참에서 스마트폰 빛이 반짝거리고 대여섯 명의 어린이가 옹기종기 모여 있는 모습이 어렴풋이 보였다. 다른 학원을 거쳐 벌써 집에 가 있어야 할 시각인데 그때까지 스마트폰 게임에 빠져있었다. 그 일을 계기로 와이파이를 다시 철거하게 되면서 아이들은 데이터 소모에 더욱 신경을 곤두세운다.

아이의 데이터 사용량을 알리는 도돌폰을 눌러보니 이번에는 막대그래프가 꽉 차 더는 남은 양이 없음을 알리고 있었다. 새달이 되기까지 아직 멀었는데 어떡할 거냐는 내 걱정에

"괜찮아요. 애들이 좋아해서 저도 좋았어요."

라고 빙긋이 웃었었다.

다행히 울음소리가 잦아들며 진정될 기미가 보이기에 혼자 두고 나왔다가 수업 시간이 되어 다시 마주했다.

화나는 이유가 무엇인지 말해 줄 수 있느냐는 내 말에 눈물을 다시 글썽거렸다.

"친구들이 …… 거북이라고 …… 놀렸어요."

울먹이며 더듬더듬 말했기에 혹시 잘 못 들은 게 아닌가 내 귀를 의심했다. 그게 그렇게 난리를 칠 일이란 말인가.

"사실 느리잖아?"

"그건 내 습관일 뿐이에요. 거북이는 아니라고요!"

잠시 침묵이 흘렀다. 거북이가 아니라고? 그러고 보니 거북이는 느린 것만이 아니었다. 토끼가 낮잠을 자는 옆을 살그머니 지나 혼자 결승점으로 가 만세를 불렀었다. 관점에 따라 공존의식 없이 저만 아는 이기주의자일 수도 있다. 그렇게 생각하니 조금은 이해가 되었다. 아이는 뛰어난 수학 실력을 내세우지 않는다. 상대를 치고 차고 쏘고 베면서 혼자 스마트게임을 즐기기보다는 여러 번의 반복과 시행착오를 거쳐 터득한 마술로 모든 사람을 신나게 해 주는 아이다. 자신의 데이터를

소진해가며 친구들에게 핫스팟을 제공하는 아이이다. 오로지 이기기 위해 잠자는 토끼 옆을 살그머니 지나치는 거북이와는 다른 삶을 사는 아이이다. 헤엄을 잘 치는 거북이가 뭍에서 경주했더라도 잠자는 토끼를 깨워 함께 가야 했다는 것이다. 자신만의 영달을 추구하는 인정머리 없는 거북이에 대해 분노했으리란 생각에 이르자 나도 모르게 어깨를 토닥이게 되었다.

오늘도 문밖은 치열한 경주의 연속이다. 과정이야 어찌 되었든 오로지 승자 위주로 돌아가는, 패자가 대부분인 세상에서 몸으로 새로 쓰는 혁이의 '토끼와 거북이'가 새삼 가슴을 설레게 한다.

신나게 놀자

내일은 현장체험학습이 있는 날이다. 몇 군데 물색해서 원생들의 의견을 물어보고 장소를 최종 선택했다. 그동안 자주 있어온 행사지만 이번만은 여느 때와 다르게 감회가 깊다. 학원 건물이 재개발구역에 편입되어 머지않아 헐릴 테니 원생들과 나들이 가는 행사도 이번이 마지막이지 싶어서이다.

며칠 전부터 아이들도 들떠있다. 이별 여행이 될 테니 뜻깊게 치르자고 마음먹으며 전세버스 예약 사항을 다시 확인했다. 행사에 드는 경비는 학부모의 부담이지만, 간식은 내 주머닛돈으로 준비했다. 그동안 성적 올리느라 다그친 일들을 떠올리며 사과하는 마음으로 정성을 다했다. 아이들이 좋아하는 캐릭터 그림이 있는 음료수, 포크가 들어있는 천연색소 솜사탕, 지난번 행사 때 인기였던 소시지는 넉넉히, 놀다 보면 피곤

할 테니 비타민도 하나씩, 물놀이로 소진된 에너지 보충용으로는 초콜릿…, 돌아올 때 출출할 테니 커다란 빵도 사고, 차 안에서 퀴즈 놀이할 때 쓸 상품은 넉넉히 마련해서 인원수대로 다시 포장했다. 그래야 차 안에서 나누어 주는 선생님들의 수고를 덜어 줄 수 있기 때문이다. 봉지마다 그동안 다그친 일들에 대한 사과의 마음을 보태고 나니 간식거리로 거실 가득 꽃밭을 이루었다. 이제 종일 맛있게 먹으며 맘껏 놀게 해 줄 준비가 모두 끝났다. 함빡 웃을 아이들을 떠올리며 설레던 마음이 석별의 아쉬움으로 촉촉하게 젖는다.

그 동안에 미안한 적이 한두 번이 아니었다. 학원 종사자는 지식의 전달자보다는 성적과 투쟁하는 용사라는 말이 더 어울린다. 출근하여 '오늘은 칭찬만 해야지.' 다짐하고 들어서지만, 학생이라고 언제나 수업에 충실한 건 아니니 밀고 당기는 실랑이를 할 수밖에 없다. 놀고만 싶어서 제시간에 대서 오지 않고, 숙제도 안 해오고, 거기에다 교재도 안 가져오는 아이들, 그래도 그 정도의 상대는 겨루어 볼 만하다. 늦거나 숙제 안 한 아이는 남아서 보충 학습시키고, 안 가져온 교재는 복사물로 대신할 수 있다. 반면 수업 시간에 산만한 아이는 그야말로 강적이다. 생명의 위협을 느끼면서도 공부하게 해 달라고 외친 탈레반 치하의 제 또래 소녀 말랄라의 이야기도 해 주고, 삼포 시대를 들먹이며 실력만이 살아남을 길이라고 으름장도 놓아보지만 들을 때뿐이었다. 몇 번 주의를 시키다 보면 당사

자는 물론 다른 아이들까지 원망의 눈길을 보내온다. 우리가 학교 다닐 때야 선생님을 절대적 존재로 여기어 그림자도 못 밟았지만 요즘 아이들의 생각은 다르다. 동등한 인격체로서 할 말 다한다. 그쯤 되면 나를 교육서비스 가게의 지식팔이나 여리꾼 정도로 안다. 아이들의 말에 뾰족한 가시가 돋아있는가 하면 서슬진 날이 숨어 있기도 하다.

그렇게 하루 일과를 마치고 학원 문을 나설 때면 이게 과연 옳은 일인가, 나 자신에게 질문을 던져 보기도 했다. 그러고 나서도 다음 날 점심을 먹고 나면 어김없이 출근을 서두른다. 아이들도 마찬가지이다. 목적은 다를지라도 하나의 깃발을 향해 가는 서로의 동반자이기에 언제 그런 일이 있었느냐는 듯 다시 줄다리기로 일과를 시작한다.

부모의 맞벌이로 또는 한부모가정으로, 조손가정으로 혼자 지내는 시간이 많은 아이들에게는 내가 어미의 몫을 일정 부분 대신하기도 했다. 부지불식간에 나를 엄마, 또는 할머니라고 부르는 아이들이 있는 걸 보면 아이들도 나를 단순히 지식 장사로 치부하지만은 않는 것 같기도 하다. 그런 면이 성적이 향상되는 점과 더불어 줄을 당기는 에너지원이 되는 것 같다.

한쪽에 쌓아 놓은 간식 무더기에서 아이들이 일제히 입을 모아 지르는 소리를 듣는다. '체험이고 학습이고 다 싫어요, 우리 신나게 놀아요!' 하는 함성.

나 자신도 이번 체험학습만은 그럴 계획이다. 학부모에게 보내는 안내문에는 그럴 듯하게 써 보냈지만 체험학습 시간은 30분으로 한정하고 나머지 시간은 놀이로 채우기로 내면의 계획을 세워 놓았다.

1박 2일 일정의 어느 문학기행에서도 그랬다. 어떤 분이 "글은 평소 댁에서 치열하게 쓰시니까 밖에 나와서는 쉬어야 한다고 생각합니다. 문학 강의는 유인물로 대신하게 허락해 주십시오."라고 해서 회원들이 환호하며 박수를 보낸 일이 있었다.

아이들도 학원에서 치열하게 공부한다. 망각에 대처해야 하고 놀고 싶은 마음도 물리쳐야 한다. 듣고 외워 익히고 풀어보고 쪽지시험 보고 집에 가서 숙제하고…. 더러 친구에게서 놀 수 있느냐고 문자가 와도 휴대전화가 보관함에 있으니 못 논다는 답조차 할 수 없다. 그러니 하루라도 실컷 놀아야 하지 않나. 놀이터에서 학습이라니….

엄마 되고 딸이 되어

친구 사이에 모녀 관계로 지내는 경우가 있다. 수양어머니, 수양딸이라는 명칭을 붙일 수는 없지만, 하여튼 거기에 근접한 사이다. 이것은 들은 이야기가 아니고 바로 내 곁에 있는, 내가 가르치는 두 아이의 관계다. 이러한 사실을 안 것은 얼마 전이다.

초등학교 5학년 글짓기 시간이었다. '생각 깊이 하기' 과정에서 각자 자신의 어머니에게 쪽지 편지를 쓰는 학습과제가 있었다. 나는 이 과제에 들어가면서 온 정신이 수진이라는 아이에게 쏠렸다. 몇 해 전에 부모를 한꺼번에 잃은 아이이기 때문이다.

수진이는 티 하나 없이 해맑은 얼굴에다 여자아이답게 조용하고 안존하면서도 가벼운 실바람이라도 스치면 금세 일그러질 것만 같은 인상을 주는 아이다. 나는 아이를 볼 때마다 물봉선화를 떠올렸다. 그늘에 숨어서 자란 나약한 가지에 연분홍 꽃잎이 위태롭게 매달린 모습이다.

그런 아이에게 이런 학습과제를 제시한다면 아물었던 상처를 덧들이는 것 아닌가. 마음 같아서는 건너뛰고 싶은 학습과제였다.

"오늘 아침 우리를 배웅해 주신 어머니께 쪽지 편지를 씁니다. 할머니나 할아버지께 써도 좋습니다."

할머니나 할아버지께 써도 좋다는 말은 수진이를 위한 임기응변식 배려였다. 그러고 나서 나의 시선은 다시 수진이에게 끌려갔다. 무관심한 척해 보이려고 애썼지만 나도 모르게 끌려가는 것은 나 또한 어머님을 여읜 몇 년 전의 아픔이 되살아났기 때문이다. 오십이 넘은 이 나이에도 부모를 그리는 마음이 이러하니 꽃샘추위에 떨고 있는 연둣빛 떡잎 같은 수진이야 오죽할까.

수진이의 얼굴에는 물비늘 같은 엷은 무늬가 어른거렸다. 저 얼굴에서 울음이 새어 나온다면 어쩌나? 나도 모르게 손에 땀이 쥐여졌다. 그러나 다행이었다. 실바람이 스치는 듯한 수면 위에 햇살 같은 웃음기가 퍼지면서 뺨에 분홍빛 꽃물이 배어나왔다. 책상에 반듯하게 앉아서 또박또박 글씨를 써내려가는 것이 신통하기만 했다.

쓴 글들을 발표시켰다. 이제부터 효도하겠노라고 너스레를

떤 아이, 신형게임기를 사달라고 애교를 부린 아이, 왜 동생 편만 드시느냐고 항변하는 아이 등등, 이렇게 아이들의 쪽지 내용은 가지각색이었다. 성주 차례가 되었다. 수진에게 수양 어머니 역할을 해 주는 아이다. 딸의 입장에서 쓴 쪽지가 아니고 수진이라는 딸에게 당부하는 엄마의 쪽지였다.

"딸 수진아, 너는 엄마의 꿈이란다. 아무리 어려워도 씩씩하게 살아가자, 소나무처럼 산처럼…."

제법 어른스럽게 쓴 청유형의 편지를 읽었다. 아이들이 까르르 웃었다. 이번에는 딸의 역할을 하는 수진이 차례였다.

"엄마랑 아빠랑 힘들게 일만 하시던 것을 생각하면 마음이 내려앉아요. 저는 땅에서, 어머니는 하늘에서 살지만, 다시 꼭 붙어살고 싶어요."

수진이는 금가지 않은 낭랑한 목소리로 읽었다. 하지만 내게는 엉겅퀴 가시 같은 아픔이 음절마다 전해졌다.

그로부터 며칠 뒤, 복도에서 투다닥 투다닥 뛰는 발걸음 소리에 섞여 엄마를 부르는 다급한 목소리가 들렸다. 서울에서 직장에 다니는 딸아이가 와서 나를 부르는가 해서 벌떡 일어나 문을 열었다. 목소리의 주인공은 내 딸아이가 아니고 수진이였다. 복도 끝에 서 있는 성주를 향해 달려가며 그렇게 부르는 것이었다. 더욱 가관인 것은 엄마 역할을 하는 성주의 태도였다.

"아이고, 왜 이렇게 덜렁대니? 엄마가 너 떼어놓고 어디 도망이라도 가니?"

성주는 팔을 벌려서 수진이를 끌어안았다. 나도 모르게 눈시울이 젖었다. 그래서 나 또한 둘 사이에 끼어들어서 물었다.

"성가 수진이 엄마냐?"

"예, 용돈도 줘요."

성주 대신 수진이가 대답했다. 언제부터 그렇게 되었냐고 물었더니 친해지고 나서부터 그렇게 되었다고 했다. 애당초 사귈 때 그냥 친구로서 지내자는 것이 아니고 수진이의 아픈 마음을 짚어서 엄마처럼 포근한 정을 두기로 했나 보다.

노란 은행잎이 내려앉은 길을 성주와 수진이가 손잡고 걸어가고 있다. 들은 말이 있어서인지 두 모녀가 시장에라도 가는 양 그런 모습으로 보인다.

서리라도 내리려는지 오늘따라 하늘이 눈 시리게 푸르다. 지는 잎은 바람을 타고 한없는 허공을 맴돌며 무서운 추락의 공포와 자기의 근본이었던 나무에 대한 그리움, 그리고 혼자라는 외로움에 떨고 있을 것이다. 잎 진 앙상한 나무도 그렇다. 나뭇잎이 떨어져 나간 자리의 상처를 안고 나무는 매운바람에 부대끼며 기나긴 겨울을 외로움에 떨며 지내야 한다. 이러한 나무에 철새라도 한 마리 찾아와 가지에 둥지를 틀고 별이 어는 밤을 같이 지낼 수 있다면 얼마나 오붓하고 미더울까. 성주하고 수진이처럼 엄마가 되고 딸이 되어 서로가 믿고 싸안고 위로해 준다면 추운 겨울에도 다사로운 훈기가 서리지 않을까.

유리 인형

텔레비전 화면에 명품이 가득하다. 가방, 구두, 옷가지…. 포장지도 뜯지 않은 '신상' 그대로다. 카메라는 이 방 저 방 구석구석 더듬어서 명품들을 뒤져낸다. 어엿한 살림집을 창고 겸해서 쓰고 있다. 이 집 안주인의 도심盜心이 끌어다 놓은 것들로 해서 집의 용도가 바뀐 것이다. 카메라에 잡힌 명품들은 여인의 도심으로 윤색되어서 한결 돋보이고 개성적인 기교와 품위를 드러낸다. 물론 화면에는 도심도 여인도 담겨 있지 않다. 살결이 고운 그 여인은 원광 밖에서 카메라와 함께 자신이 가진 도심의 솜씨에 경이감을 드러낼지도 모른다.

어둠 속의 여인 뒤에서 아이 하나가 걸어 나와 화면을 가득 채운다. 긴 머리에 우수 어린 눈을 가진 아이, 내 안에다 가시를 꽂고 떠난 그 아이다.

아이는 엄마 손에 이끌려 상담실로 들어섰다. 멀리 평택에서 이사 왔다고 했다. 아이는 나를 외면한 채 부산하게 시선을 옮겨가며 주변을 두리번거렸다. 친구 없이 낯선 곳에서 견뎌내야 한다는 불안과 긴장이 가득 찬 눈빛이었다.

"얘네 아빠하고 헤어졌어요."

엄마는 고개를 떨어뜨리고 물감처럼 풀리는 목소리를 손수건에 쓸어 담았다. 여기저기 두리번거리던 아이의 시선은 먼 하늘 구름 너머 어디쯤인가를 헤젓고 있었다. 잠자리 한 마리가 날아와서 유리창에 내려앉은 가을 햇살을 받으며 졸고 있었다. 먼 하늘을 헤매던 아이의 시선이 어느새 돌아와서 잠자리로 다가갔다. 티 하나 없이 투명한 순수였다. 가볍게 스치는 바람결에도 금이 갈 것만 같은, 가리고 숨기는 것 하나 없이 다 비쳐 보이는 유리 인형. 어떠한 무력도 위협의 먹구름도 침투할 수 없는 절대의 투명체로 보였다. 나는 그 인형을 마음에 끌어안았고, 인형은 고운 눈빛으로 내게 안겼다.

그러나 불순한 그림자는 그 투명체에 소리 없이 스며들었다. 직원들 봉급날이었다. 은행에 들러 현금을 찾아서 출근해 보니 아이는 미리 와서 내 사무실에서 책을 보고 있었다.

"도둑 잘 지켜 줘!"

가방을 내려놓으며 인사 대신 당부한 후 편지함의 우편물을 거두러 잠시 나갔다가 돌아왔다. 얼마 후 봉급 봉투에 현금을 나누어 넣다 보니 9만 원이었던가? 정확히 기억은 안 나지만 꽤 많은 액수의 돈이 모자라는 것이었다. 다시 한 번 세어보고, 영수증을 확인해도 역시 모자랐다. 은행에 전화를 걸어 현금 인출기에서 오류가 나서 그런 것 아니냐고 물었다. 의심할만한 누구도 없었기에 억지를 써 본 것이다.

나 또한 먹물을 적신 마음으로 며칠을 지냈는데, 한 아이가 지갑을 통째 잃었다며 눈물을 찔끔거렸다. 곧 찾아 주겠다고 우는 아이를 달랬지만 혼란스러운 내 마음은 달랠 길이 없었다. 그때까지도 유리 인형에는 어릿거리는 검은 그림자 하나 없었다.

그 다음 날, 유리 인형의 엄마가 빨간 지갑을 들고 나타났다. 지갑을 잃었던 아이는 제 것이라고, 돈도 그대로 있다고 좋아했다. 유리 인형의 엄마는 이웃집에도 들러 아이가 도둑질한 물건 값을 변상하고 오는 길이라며 아이를 대신해서 눈물로 사죄했다. 엄마의 눈물도 티 하나 없이 맑고 투명했다. 내 안에 안겨 있던 투명체의 인형이 산산조각이 나면서 때 묻은 얼룩이 번져갔다. 어디에서 이런 때를 묻혀왔느냐는 물음에 앞서 때를 묻혀 준 범인을 먼저 찾았다. 물증은 없지만, 범인은 공허감인 듯했다. 유리 인형은 속이 비어 있었다. 아빠도 멀리 떠나고, 엄마는 온종일 직장에 나가서 집은 늘 비어 있다. 빈집에서 구석구석 더듬어 무언가를 찾아보았지만 유리 인형에게 잡히는 것은 공허뿐, 허기를 달랠 길이 없었을 게다. 유리 인형은 무엇으로라도 빈속을 채워야 했다. 그래서 밖에 있는 것을 끌어다가 속을 채워가던 중이라 생각했다. 나는 유리 인형을 씻겨 다시 마음속에 끌어안았다.

유리 인형에게도 실금이 가시고 본래의 투명한 새살이 돋아났다. 내 안에서는 이슬방울이 구르는 인형의 선율이 흘렀다. 구름 밖의 먼 하늘에서 흘러오는 그런 선율이었다. 그러나 그 소리를 내던 악기의 현은 오래 안 가서 끊어지고 말았다.

아이의 이모라는 사람이 찾아왔다. 아이를 다른 지방에 사는 아버지에게 보내겠다는 것이다. 아이의 엄마가 집을 나가서 소식조차 끊고 지낸지가 한 달이 다 되었다고 한다. 유리 인형은 그동안에 저 혼자서 감당하기에는 너무도 큰 허공에서 헤매고 있었을 것이다. 뭔가 작은 것으로라도 그 허공의 한쪽을 메워서 보내고 싶었다. 하지만 쥐여 보낼 마땅한 것이 생각나지 않았다. 작지만 휑한 속을 가득 채워 줄 그런 선물…. 궁리 끝에 내가 줄 것은 그 인형과 같이 있는 시간을 연장하는 것밖에는 없다고 결론을 내렸다. 그래서 아이의 이모에게 현장체험학습 핑계를 댔다, 그날까지만 보내달라고. 떠나는 유리 인형의 빈속에다 친구들의 그림자라도 채워 주고 싶어서였다.

그러나 아이는 다음 날부터 나오지 않았다. 비어 있는 그대로 떠나보낸 것이 못내 아쉬웠는데, 현장체험학습 당일에 맑은 햇살을 온몸에 담고 나타났다. 너무도 반가워서 나는 지갑에서 아이 몫의 경비를 꺼내어 채워 넣었고, 친구들은 유리 인형에게 밝은 웃음을 채워서 떠나보냈다.

그런데 그 인형은 마지막 떠나면서 산산조각이 되어 유리의 파편이 나의 온몸을 저몄다. 야외수업 뒤처리를 하려고 사무실에 와 보니 쓰레기통에 구겨진 봉투가 바늘 끝처럼 내 눈을 찔렀다. 행사 중의 모든 경비를 카드로 결제하기로 하고 놓고 간 돈 봉투였다. 봉투는 비어 있었다. 유리 인형은 그 속에 들어 있는 돈으로 허기를 채우자는 속셈인 모양이었다.

서릿바람이 창을 두드린다. 유리 인형은 이 바람 속에서 뉘 집 창문을 두들기고 있을까. 좀처럼 녹지 않을 얼음덩이의 인형, 부모의 체온이 아니고는 한기와 허기를 채워 줄 수 없을 텐데…. 이제는 성인이 되었겠지만, 내 안의 유리인형은 아이인 채로 마음을 무겁게 내리누른다.

정답과 진실

사무실 문을 여니 웃음이 가득했다. 창가 하얀 용담꽃에서 피어나는 웃음이다. 낙엽이 다 지도록 새치름히 입을 다물고 있다가 서릿바람과 함께 한 송이가 피어서 적적한 공간을 가득 채웠다. 대부분의 용담꽃은 쪽빛인데 이건 잡티 하나 없는 순백이다. 국화처럼 화려하지도 않고 도라지꽃보다도 작은 홑겹에다 통꽃이다. 고향 뒷산에도 용담화가 많았었다. 비록 색깔은 다르지만, 꽃을 들여다보노라니 그 안에서 그때 그 사람들의 얼굴이 동화처럼 피어났다.

꽃송이에서 웃으며 나오는 고향 친구들과 이런저런 이야기를 하며 혼자 웃고 있는데, 아이들이 들어오더니 꽃 이름이 뭐냐고 물었다. 알고자 해서 묻는 게 아니고 까마득한 고향 뒷산에서 산책하고 있는 내 의식을 저희에게 끌어가자는 속내였을 게다. 둘러선 아이들의 얼굴을 더듬어가던 나는 한 아이와 눈을 맞추었다. 그날도 친구들의 울타리 밖에서 손가락을 입에 물고 서 있었다.

"어, 돼지 왔네!"

아이들의 말은 며칠 만에 만났다는 반가움이 아니고 사무실에 들어와서는 안 될, 진짜 돼지가 들어왔다는 놀라움의 표현처럼 들렸다. 어째서 '돼지'라고 부르는지는 모르지만 아이는 별명대로 돼지 취급을 받는다. 그러한 아이 또한 내가 있을 자리가 아니라고 생각했던지 고개를 숙이고 사무실 밖으로 나가는 걸 안쓰러워서 뒤쫓아 나가자 복도 끝에서 돌아서더니 느닷없는 말을 했다.

"우리 할아버지 농약 먹고 돌아가셨어요. 사람들은 죽은 줄도 몰랐대요."

그동안의 결석 사유를 그런 식으로 밝혔다. 그런 상처를 안고 있는 아이에게 같은 강의실에서 공부하는 친구들은 돼지 왔다는 인사가 고작이었다.

그 상처를 덧들이는 또 한 사람, 아이의 담임선생님이었다. 그녀는 그동안에 못 한 공부 보충해야 한다고, 아이의 손목을 잡고 강의실로 들어갔다. 저의 엄마가 일터에서 돌아올 때까지 데리고 있어야 하는 아이다. 학원에 처음 등록하러 왔을 때 아이 엄마가 그랬다. 학원에서 무엇을 가르치며 어떻게 가르치는지 묻는 게 아니고 몇 시까지 맡길 수 있느냐는 말부터 앞세웠다. 빈집에 아이 혼자 있는 게 불안해서 학원에다 맡기려고 데리고 온 듯했다. 아이 또한 그냥 학원에만 있으면 된다고 생각하는지 수업시간에도 먼산바라기 아니면 손장난이 고작이었다. 그러다가 쉬는 시간만 되면 가게로 달음질했다. 엄마가 아이를 떼어놓고 직장에 나가면서 안쓰러워서 용돈을 주어왔기 때문에 그런 버릇이 든 것 같았다. 아이의 입가에는 자주 과자 부스러기 같은 것이 붙어 있다. 그래서 돼지라는 별명을 얻었는지도 모른다.

"이제까지 너를 도와준 친구도 없고 네가 도와준 친구도 없단 말이에요? 누구라도 하나 써 보세요. 어서."

"없는데 어떻게 써요?"

"정말로 아무도 없어요?"

옆 교실에서 아이와 담임이 옥신각신하는 소리가 들렸다. 창문 너머로 들여다보니 시험지 한 장을 가운데에 놓고 둘이서 입씨름을 하는 것이었다. 틀린 답을 공책에 열 번 쓰는 학교 숙제 때문에 벌어진 일이었다. 담임선생님은 아이의 숙제까지 봐줘야 한다. 어깨너머로 보니 틀린 문제는 '나를 도와준 친구의 이름을 쓰세요.'와 '내가 도와준 친구의 이름을 쓰세요.'였다. 공부하지 않고도 쓸 수 있는 문제였지만 쓰지 않아서 오답으로 처리되었다. 아이들이 끼워주지 않아서 늘 혼자서만 지내는 아이, 아이들에게 부대끼다 못해 울음을 터뜨려야만 괴로움에서 벗어날 수 있는 아이인데 도와주고 도움을 받은 친구

이름을 쓰라니 답답할 일이다. 아이는 끝내 쓰지 않겠다고 버티다가 울음을 터뜨렸다.

그 문제만 아니었다면 100점을 받을 수 있었는데 90점이었다. 그토록 산만한 아이가 그 점수를 받았다면 칭찬을 해 줘야 옳은데 별로 틀린 문제의 정답을 열 번이나 쓰라고 했으니 화가 날 만도 하다. 거기에다 100점 받으면 엄마가 피자 사 주기로 했다고, 입버릇처럼 말해 왔는데 그 두 문제 때문에 피자를 먹지 못하게 되지 않았는가. 아무리 생각해 보아도 이것은 정답 판정을 잘못했거나 문제가 틀린 것이었다. 그런 친구가 없으면 쓰지 않아도 될 물음이 아닌가.

침묵이 정답이 되는 경우는 없을까? 바람 따라 이리 휘고 저리 쏠리는 나뭇가지가 아니고 묵묵히 뿌리를 지키는 고목 등걸 같은 침묵, 그러한 무응답도 정답이 될 수 있다면 아이는 100점을 받았을 텐데…. 친구가 없어서 침묵으로 답을 말했는데, 그것이 어찌 오답이란 말인가? 그것은 분명 잘못된 문제였다.

세상에는 그런 우문에 대한 오답이 정답이 되는 경우가 허다하다. 사리에 맞지 않아도 우격다짐으로 정답을 정해 놓고 묻는 권력형 우문이 있는가 하면 정답이 아예 없는데 억지로 정답을 만들어서 답하게 하는 모사꾼의 우문도 있다. 답하는 사람들도 그렇다. 정답은 내 안에 따로 두고 이리저리 눈치 보면서 유리한 쪽으로 답을 말하는가 하면 정답을 모르면서 다수를 따라 답을 말하는 경우도 있다. 그래야만 남만큼 실속을 챙길 수 있기 때문이다. 물길 따라 가야 할 배가 산길로 간다는 말은 그래서 나오지 않았던가.

거짓말로 꾸며서 받은 100점과 진실 그대로 비워 두어서 점수가 깎인 90점, 수치를 떠나서 이 둘의 가치를 물으면 누구나 후자 쪽에 무게를 얹어 줄 것이다. 그러나 현실은 불리한 진실 그대로를 외면하고 실리적인 수치 쪽을 택하는 경우가 허다하다.

나는 손등으로 눈물을 훔치는 아이를 뒤에서 끌어안고 귀엣말로 실리적인 답을 가르쳐 주었다.

"나는 앞으로 너를 도울 테니까 너도 나를 도와주기로 하고 내 이름 써. 나를 도와준 친구에도 김용순, 내가 도와준 친구에도 김용순이라고 쓰라고. 내가 피자 사 줄게."

아이가 눈물을 훔치고 배시시 웃으면서 김용순이라고 썼다. 나는 그러는 아이의 얼굴을 창턱에서 웃고 있는 용담꽃송이에 담았다.

몇 년 뒤, 서릿바람 속에 피어 있는 하얀 꽃송이를 들여다보며 나는 아이와 이야기할 것이다, 너는 이 꽃처럼 순백 그대로 답을 쓰지 않아서 내가 너의 친구가 되었다고.

죄송혀유

나는 경영자로서 갖추어야 할 자질이 부족한 사람인가보다. 아들 어렸을 때 시작한 사업이 그 아이가 어른이 된 지금까지 그 타령이니 말이다. 그러다 보니 직원들에게 봉급을 줄 때는 늘 미안한 마음이 따른다. '수고하셨습니다.' 보다는 '얼마 안 되어 죄송합니다.'라고 말한 적이 더 많았을 것이다.

봉급 주는 일보다 더 어려운 일이 있다. 학생들로부터 수강료를 받아내는 일이다. 아이들에게 돈 가져오라는 말이 도무지 입에서 나오질 않는다. 그래서 노란 봉투에 금액과 등록 날짜를 써서 나누어 준다. 선물이라며 너스레를 떨어보기도 하지만 곤혹스럽긴 마찬가지이다. 그러한 내 심정을 알아차려서인지 대부분의 아이들은 제때에 등록해 주고 어쩌다 '노란 봉투'를 미처 못 준 아이들까지도 스스로 날짜를 맞추어서 내니 얼마나 다행스러운가.

그런데 예외가 더러 있다. 어느 날 장부를 정리하다 보니 한 아이의 칸이 공란으로 되어 있었다. 등록하지 않은 것이다. '다음 달에 두 배로 받으면 목돈 되어서 좋지.' 하고 대수롭지 않게 생각했다. 금방 또 등록일이 돌아와 두 배로 쓴 금액이 보이지 않게 봉투를 반으로 접어 아이에게 들려 보냈다.

그러기를 반복하다 보니 어느새 여섯 달이나 밀렸다. 이제 오지 말라고 해야 하나, 보내지 말라고 해야 하나?

공부하는 아이에게 책을 덮으라는 말은 차마 할 수가 없었다. 그래서 아이의 아버지에게 편지를 보내기로 했다. 내키지 않았지만, 투덕투덕 몇 자 친 후, 죄송하다는 말로 마무리하여 풀로 단단히 봉한 다음 아이에게 들려 보냈다.

나는 요즘 그 아이의 수학과목을 담당하고 있다. 공란이 일곱 개를 향하던 어느 날, 발표를 시키려고 아이와 눈을 맞추는데 문득 그 얼굴에, 공란 여섯 칸이 겹쳐 보이는 것이 아닌가. 얼른 고개를 흔들어 잔영을 지워버렸다. 그래도 자괴지심으로 그 아이와 눈을 맞출 수 없어 결국 발표를 시키지 못하고 눈길을 돌려야 했다. 그 일을 계기로 해서 어떻게든 마무리 지어야겠다고 또 다짐했다.

이별을 마음먹으니 지난 일들이 떠올랐다. 아이는 지각을 자주 하고 아예 빠지는 날도 있었다. 집으로 전화를 하면 송신음만 공허하게 되돌아올 뿐 받는 이가 없었다. 어쩌다 겨우 통화가 되면 아이 아버지는 '죄송허유'로 할 말을 대신했다. 무엇이 왜 죄송한지 구체적으로 말하지는 않았지만, 누군가에게는 죄송해야 하는 처지에 있다는 것은 짐작했다.

우리 사회에 질기게 이어오는 유전무죄 무전유죄라는 말을 생각한다. 모든 것이 상품화되는 자본주의 속성상 노동력밖에 팔 것이 없는 사람들은 자칫 죄인이 되기 쉽다. 사회학자 울리히 벡은 그러한 우리 사회를 '위험사회'라고 특정지었다. 개인이 대응하기 버거운 위험요소에 대해서는 공적으로 대응하여 면죄부를 줘야 하는 거 아닌가. 아이까지 죄인이 될까 봐 걱정이다.

아이가 아버지의 처지를 알아차렸을 것 같아 측은하게 여겨졌다. 그 아픔을 칭찬으로 감싸 주면 위무가 되련만 아이는 칭찬해 줄 구석이 없었다. 수업태도도 그렇고, 성적도 시원찮은 아이였다. 그래서 이름이 참 좋다며 엉터리 이름풀이를 해 주기도 하고, 머리가 참 길다고도 했다.

그런 아이에게 무슨 말을 어떻게 하나. 아버지의 휴대폰 번호를 눌렀다. 그러나 대답은 "고객의 사정으로 당분간 수신이…."라는 차가운 안내음뿐이었다. 몇 번의 시도 끝에 겨우 집 전화가 연결되었다. 입이 떨어지지 않아 "며칠 전 편지에 썼듯이…."라고 운을 떼었지만, 편지는 받지 못한 눈치였다. 녀석이 편지 봉투를 연 것인가. 밀린 수강료가 얼마라는 말도, 더 이상 '외상공부'를 시킬 수 없다는 말도 목에서 걸리고 말았다.

그래서 공연히 아이에 대한 이런저런 덕담만 늘어놓았고 한참 후 그가 하는 말은 이번에도 역시 "죄송혀유." 그 뿐이었다.

다음 날, 아이가 헐레벌떡 계단을 뛰어 올라왔다. 나는 아이에게 죄송한 사람이 되어 심장이 벌렁거렸다. 애써 외면하는 나를 아이가 큰 소리로 불러 세웠다.

"원장선생님, 배고파 죽겠어요! 떡볶이 하나만 사주세요!"

'죄송혀유'라는 신음과 함께 연쇄반응으로 쓰러지는 도미노 조각을 발딱 일으켜 세우는, 한 점 티도 없이 맑고 밝기만 한 그 소리 조각.

지갑에서 500원짜리 동전을 꺼내 아이의 손에 쥐여 주며 목에 걸려있던 "죄송혀유."라는 말을 꿀꺽 삼켜버렸다. 그러거나 말거나 아이는 분식집을 향해 쏜살같이 되짚어 나가고, 나는 내팽개쳐진 그 아이의 책가방과 소지품들을 제일 앞자리에 가지런히 정리 정돈해 주었다.

3부

개불알꽃

나는 박달재 아래 산골에서 태어났다. 중학생이 되고부터는 유학생으로, 결혼해서는 남편 덕으로 도시에서 살아왔지만, 여전히 촌티를 면치 못하고 있다.

꽃도 화려한 개량종이나 도입종보다는 고향 산야에서 함께 하던 수수한 토박이들에 이끌린다. 이런 속내를 아는 한 친구가 우리 꽃 전시회 소식을 알려왔다. 울안에서 각시붓꽃을 키우고 있는 김 선생에게도 이를 전하여 동행이 되었다.

꽃은 너나없이 화분에 갇혀 있었다. 그나마 고즈넉한 농가에 전시되어 그런대로 옛정을 부추겼다. 반나마 돌아보았을 때 반가운 마음에 나도 모르게 환성을 질렀다. 개불알꽃이었다. 아기 밥그릇만 한 풀잡맹이 분에서 오롯이 꽃을 피워 올렸다.

개불알꽃은 고향 앞산에 흐드러지던 꽃이다. 앞산에는 그 꽃 외에도 숱한 꽃들이 있었다, 좋은 꽃 나쁜 꽃 할 것 없이. 좋은 꽃은 먹을 수 있는 잔대, 삽주, 하늘말나리 등의 꽃이고, 나쁜 꽃은 화려하고 실해도 먹으면 탈이 나는 투구꽃, 은방울꽃, 천남성꽃 등이었다.

먹을 수 없는 것 중에 좋은 꽃이 하나 있었다. 너무나 고와서 차마 나쁘다고 할 수 없는, 바로 그 개불알꽃이다. 일제 강점기 때 붙여진 이름이 좀 그렇다고 해서 복주머니난이라는 새 이름을 얻었지만, 그 이름으로는 앞산에서 보던 그 꽃을 떠올릴 수 없어 나에게는 여전히 개불알꽃이다.

독치마를 벗어던진 김장독이 우물가로 자리를 옮긴 어느 날이었다. 소녀이던 나는 바닥난 묵은지를 대신할 산나물을 찾아 산비탈을 오르내렸다. 나물의 양이 많아질수록 다래끼 끈은 허리를 조여왔다. 때가 지났는지 허기까지 져 자꾸 발을 헛디디었다.

지쳐갈 무렵, 개불알꽃 군락지에 이르렀다. 정신이 번쩍 들었다. 피곤하지도 배고프지도 않았다. 너무나 고와서 내 오감은 아름다움을 느끼는 데만 집중되었다. 나물 다래끼는 풀어놓고 꽃과 한참토록 노닥대었다.

그 꽃은 아무 데서나 자라지 않는다. 해발 700미터쯤 되는 곳. 우거진 숲이 햇빛을 반쯤 가려주고 쌓인 낙엽이 부식질 풍부한 토양으로 내려앉아야 비로소 뿌리를 내리는 지조 있는 풀이다. 탐욕스러운 인간이 이를 집안에 들이면 아예 뿌리조차 거두어버린다.

한 줄기로 한 송이만 피운다. 다른 꽃들이 우르르 다투어 피워도 허겁지겁 휩쓸리지 않는다. 가만히 기다렸다가 신록이 한창일 때 오롯이 피어나 봄꽃 지고 난 산야를 다시 꾸민다. 산골 소녀는 그런 개불알꽃을 보며 시심을 키웠다.

일상이 나물 다래끼처럼 허리를 조이던 중년의 어느 날, 문득 개불알꽃이 그리웠다. 고향으로 내달아 앞산에 올랐다. 그러나 기대했던 개불알꽃은 흔적조차 없었다. 외지 사람들이 차를 대놓고 뿌리째 캐어갔다는 어머니의 맥 빠진 상황설명이 뒤따랐다. 한 뿌리에 오천 원씩 쳐준다는 말에 동네 사람들까지 얼싸! 하고 합세하였다니 이에 무슨 말을 더하랴.

이제 개불알꽃은 고향에서 자취를 감추고 말았다. 그뿐만 아니라 웰빙 운운하는 사람들이 삽주, 딱주 등도 모조리 뽑아가서 이제 앞산은 폐광이나 진배없이 잡초만 무성하다.

지구상의 생물들이 매일 100여 종씩이나 멸종된다고 한다. 개불알꽃이든 아름다운 경치이든 심지어 인간의 몸까지도 자본의 자기증식을 위해서는 가리지 않는 가공할 이 체제의 속성상 앞산 같은 크고 작은 떼꾸러기는 늘어갈 것이다.

개불알꽃이 사라진 자리에 무엇이 돌아올까. 세계평화학회를 발족한 노르웨이의 요한 갈퉁은 생태계 파괴도 사회구조적 폭력이라고 했다. 꽃다지꽃 노랗던 밭둑을 풀인지 나무인지도 모를 시퍼런 미국자리공이 뒤덮고 있는 것만으로도 놀랍고 믿을 수 없고 화가 난다. 어머니도 없는데 함께 자라던 산야초조차 자취를 감춰버린다면 고향이 고향이랴.

앞산 개불알꽃을 떠올리면 그리운 나머지 가슴이 빼근해진다. 삼 년 전에는 충청북도농업기술원에서 대량증식 기술을 개발했다고 보도하더니, 재작년에는 치악산국립공원에서 자생지를 발견했다는 소식도 있었다. 그렇지만 나는 야생화전시장까지 찾아가서야 시난고난 피어난 한 송이를 보았을 뿐이다.

기녀 김부용을 기리다

충청남도에는 볼거리 느낄 거리 배울 거리가 많다. 특히 내가 사는 천안에는 문, 사, 철 관련 유물과 유적이 많아 살아가는 길에 이정표가 되어 주고 때로는 즐거움을 주기도 한다. 그러기에 피붙이 하나 없는 타향이고 자녀들마저 모두 타지에 터를 잡았건만 나는 이곳 천안에서 주어진 날까지 여생을 누릴 셈이다.

그런데 지난해 말 우한발 신종 바이러스가 중국인 숙주를 타고 인천공항을 통과면서 이변이 생겼다. 화려하던 백화점도, 북적거리던 상가도 죽은 듯 고요하기만 하다. 아파트 마당에도 사람이라곤 찾아 볼 수 없다. 누가 보균자인지 구분할 수 없으니 사람 만나기를 꺼리게 되었다. 예방약도 치료약도 없는데 감염력은 매우 강하여 2미터 안의 사람과 동물에게 순식간에 옮아가는 무서운 병이라니 친구도 친척도 심지어 가족끼리도 '거리 두기' 생활을 해야 한다.

그렇다고 사회적 동물인 사람이 어찌 갇혀서 홀로 살 수 있는가. 언뜻 떠오른 곳이 인근 광덕이었다. 그곳은 산세가 수려하고 계곡이 청정할 뿐 아니라 운초 김부용 시인께서 잠들어 계신 곳이다.

매년 그분께 제를 올리는 운초 추모제 행사에 참여해 온 지 30여 년이 되었다. 내가 천안문인협회 회장으로 있을 때는 회원들과 지역의 사학가들이 십시일반 기금을 모아 시인의 무덤을 둘레석으로 단장한 일이 있다. 둘레석은 지난겨울을 잘 견디었는지 궁금하기도 했다.

20여 킬로미터 달려 광덕사 주차장에서 차를 세웠다. 이른 봄 제를 마치고 내려올 때면 꽃비를 뿌리던 늙은 벚나무들은 이미 까만 열매를 먹기 좋게 익혀 놓고 기다리고 있었다. 어린 시절 입이 까매지도록 따 먹던 벚, 나도 모르게 스틱으로 가지를 잡아당겼다. 그 시절의 순수함이 그리워 한 움큼 따 입에 털어 넣었다.

광덕사 일주문을 거쳐 몇 걸음 지나면 절 못미처 우측으로 다리가 보인다. 다리 건너에는 표지판이 서서 1킬로미터 지점에 운초묘가 있다고 안내한다. 천안문인협회가 후원하여 소설가 정비석이 짓고, 서예가 인영선이 쓰고, 사학가 김성렬이 세웠다는 시비도 오랜 세월을 고스란히 이고 반긴다. 이후 산길

곳곳에 운초의 시를 적어 놓은 표지판이 길을 안내한다. 매년 4월 운초 추모제가 열릴 때면 오르는 길이 꽃밭인 양 아름다운 운초 시로 장식되는데 올해는 코로나19 사태로 그마저 못했다.

얼마쯤 올라가니 숨이 차올랐다. 잠시 숨을 고르며 주변을 둘러보는데 때죽나무 열매가 열려있는 것이 눈에 들어왔다. 아래로 다소곳이 매달린 모습이 겸손하다. 그러나 야무지고 당차게 영글었다. 타원형의 매끄럽고 보얀 열매를 보며 '운초의 눈까풀이 이리 곱게 생기지 않았을까?' 하는 상상을 했다. 기녀 신분으로 19세기 초를 살다간 분이기에 만난 적은 물론 없고 남긴 사진조차 한 장 볼 수 없지만, 허경진의 『韓國의 漢詩37』에 실린 그분의 시를 통해 그러한 상상을 한 것이다.

戲題

芙蓉花發 滿池紅 人道芙蓉 勝妾容
朝日妾從 堤上過 如何人不 看芙蓉

부용화가 더 예쁘다더니

부용화가 곱게 피어 연못 가득 붉어라.
사람들 말하기를 내 얼굴보다도 예쁘다네.
아침녘에 둑 위를 걷고 있노라니
사람들이 부용화는 안 보고 왜 내 얼굴만 보나.

그렇더라도 내가 운초를 자주 찾는 이유가 그녀의 미모 때문은 아니다. 그녀는 비록 여자지만 선비였다. 본디 유학자 집안의 뿌리 있는 가문에서 태어났다. 그런데 연유는 알 수 없으나 기녀로, 소실로 살아야 했다. 아버지가 아닌 중부에게서 글을 배웠다는 시의 내용으로 보아 서녀이었거나 경제적 궁핍이 원인이 아니었나 추측만 한다.

그녀는 주옥같은 한시 300여 편을 남긴 조선시대의 여류시인이다. 그녀가 여염집 여필종부로 한 생을 살았다면 가능한 일이었을까. 그의 시적 재능을 십분 발휘하게 된 동기는 그녀가 기녀로서 당대 내로라하는 유명 문사들과 교류한 데서 찾을 수 있다. 그러다가 종2품 봉조하 김이양 대감의 눈에 띄고 서로의 수준 높은 시적 교류가 사랑으로 이어져 그의 소실로 살게 된다. 둘은 50여 년 나이 차를 극복하고 시로 교감하며 하나가 되었다.

그러기에 그녀의 출생과 사망연대는 오로지 김이양 대감에 기댄 유추일 뿐이다. 내가 매년 찾는 그녀의 무덤 또한 그렇다. 그곳 광덕면의 주민들에게 전해오는 말에 의지할 뿐이기에 아직 문화재로 지정되지 못했다. 그곳을 처음 찾아 알린 '명기열전'의 저자 정비석 소설가를 믿고, 무덤지기의 손주 서상욱 씨가 운초추모제에 오셔서 들려 준 "초당마마 무덤"이라는 말을 믿기에 그곳이 운초 김부용께서 영면하는 곳으로 안다.

내가 알기 이전인 1974년부터 이미 선배 문인들과 일부 관심 있는 사학자들이 힘을 합해 관리해 오고 있었다. 그러나 개인들의 역량만으로는 부족할 수밖에 없다. 예전에 설치한 나무 재질의 이정표가 세월에 삭아 기둥만 우뚝하니 흉물로 서 있어 안타까웠다. 관의 손길이 아쉽다.

무덤에 다다랐다. 언덕길을 올라가느라 흐트러진 매무새를 바로잡고 고인께 재배했다. 그리고는 묘비 옆 계절에 앉아 그분의 품에 안겼다. 맞은편으로 보이는 구릉 어디쯤 당대를 쥐락펴락하던 권세가 김이양 대감의 무덤이 있다는데…. 어림으로 짐작만 할 뿐 찾아가 본 적이 없다. 그런데 한낱 그의 소실이었던 운초의 묘를 자주 찾는 나를 들여다보았다. 글을 쓰는 사람이기에 그런 것만은 아닐 테다. 처한 상황을 탓하지 않고 학문을 닦아 시적 재능을 맘껏 펼친 그녀의 선비정신을 배우고 싶기 때문일 것이다. 중용의 미덕으로 지아비를 지극히 섬기는 한편 시를 쓰고 풍류를 즐길 줄 알던 조선시대 여인, 인간의 느낌과 감정에 충실한 인간다운 인간, 여자는 사람도 아닌 당시 사회상황의 틀을 깨고 시를 쓰며 인생을 즐긴 진정한 선비이시기 때문에 그럴 테다.

소나무의 미소

무성했던 잎들이 다 지고 나니 소나무의 자태가 고고하게 다가온다. 반지르르 넓은 잎 활엽수가 숲을 꾸미던 여름철에는 가칠가칠 가는 잎 소나무 따위야 눈에 띄지도 않았다. 울긋불긋 화신이 점령한 봄 동산에서는 존재조차도 거추장스러운 나무였지. 며느리밥풀꽃을 발견한 어느 사진작가는 잠시의 망설임도 없이 주변의 소나무 가지를 마구 쳐내어 렌즈 밖으로 몰아내기도 했으니까. 그런데 한겨울 이곳 봉곡사 초입의 소나무 숲에 드니 감탄사가 절로 터진다. 꽃 피우던 모든 것들은 서릿바람에 나뭇잎마저 다 잃은 채 사색의 앙상한 가지로 떨고 있는데, 소나무는 여름의 모습, 봄의 자태 그대로 의연히 푸르다.

여기 소나무는 여느 소나무와는 좀 다르다. 군락을 이루되,

곧게 자라지 못하고 하나같이 구부러졌으며 커다란 흉터까지 지니고 있다. 일제강점기에 오랜 전쟁으로 군수품이 모자라던 일본이 연료를 조달하기 위해 소나무의 아랫동아리를 브이 자로 도끼질해 놓고는 상처에서 흐르는 송진을 채취해 간 흔적이라고 한다. 너무나 아파서 몸부림쳤는지 몸뚱어리가 뒤틀리고 휘어졌다. 상처가 심해서 수술을 받은 모양인데, 그 흔적이 웃는 입 모양으로 남아 있어 아이러니하다.

소나무를 사람이라 친다면 나를 키운 어머니일 것이다. 어릴 적, 물오른 송기는 나른한 이른 봄의 허기를 달래 주었고, 제삿날 입안에서 사르르 녹던 송화다식도 소나무의 헌신으로 얻은 희생의 결과물이었다. 어찌어찌 맺은 솔방울은 교실 난로 속으로 들어가 우리들의 연필 쥔 언 손을 녹여주기 일쑤였다. 새로 돋은 연한 솔잎도 이런저런 먹을거리가 되고, 금빛으로 물든 잎은 그것을 익힐 때 불쏘시개요, 삭정이는 땔감으로 쓰였다. 솔가리에서 솔 삭정이로 옮겨 붙은 불꽃이 활활 타올라 이내 구들장까지 덥혀 놓은 뒤에야 소나무는 한 줌 재로 사위었다. 그래서 소나무 숲에 들면 어머니를 떠올린다.

어둠이 내리기 시작한 호젓한 숲길을 걷는다. 조금 전까지 옷 속으로 파고들던 칼바람은 간데없고 솔바람이 불어와 일상의 어수선함을 쓸어간다. 저만치에서 늙은 소나무가 다가온다. 도끼질의 시련을 견디어낸 소나무가 빙그레 웃는다. 요 며칠 애면글면 애태우던 나를 꿈속으로 찾아와 위무해 주던 어머니의 미소이다. 나도 슬며시 웃어 본다.

실새삼과 고마리

식물은 대부분 위로 향하는 속성이 있다. 스스로 양분을 만들자면 햇빛이 필요하기 때문에 가지를 곧게 뻗어 올리고 잎을 펼친다.

그렇더라도 해를 찌를 듯 높이 뻗어 올라간 나무 옆에 서면, 줄곧 1등만 하던 친구나 재벌이 되어 떵떵거리는 동창회장 같아서 지레 움츠러든다. 그래서 산책길에 든 내 시선은 으레 아래로 향한다.

그날도 내 눈길은 길옆에서 재잘거리는 도랑으로 향했다. 거기에는 무더기로 꽃을 피워 낸 고마리, 스스로는 설 수 없어 둑을 타고 오른 할미밀망 넝쿨 등 고만고만한 풀들이 해바라기를 하고 있었다. 주위에 잘 가꾸어진 키 큰 정원수들이 위용을 뽐내고 있었지만 그들은 아랑곳하지 않았다. 내 친구의 온전치 못한 딸처럼 허공을 휘젓는 실새삼이 반투명한 가지를 고마리 위에 늘어뜨렸다.

다른 것은 다 푸른데 실새삼은 말간 젖빛이다. 생태계의 맨 아래 생산자로서는 생존조차 보장될 수 없는 조건이다. 광합성을 해야 하는 식물이 잎파랑이가 없다는 것은 사람으로 친다면 장애인인 셈이다. 그런대도 해맑은 꽃을 피워냈다.

실새삼이 살아가는 모습을 보면 애틋한 정이 간다. 씨앗이 발아하면 두 개의 떡잎을 낸다. 다음에는 본 잎을 내어 스스로 양분을 만들어 자라는 것이 수순이겠지만 실새삼은 줄기만 뻗어 간다. 스스로 양분을 만들 수 없는 몸이기 때문에 건강한 숙주를 찾아나서는 것이다. 약자를 공격해서 가진 것을 빼앗는 게 생태계의 상례지만 실새삼은 다르다. 의지할 만한 건강한 숙주를 찾아야만 비로소 그곳에 관을 대고 뿌리를 스스로 자른다. 어차피 광합성작용을 못 할 바에야 뿌리에서 물을 빨아올린들 무엇에 쓰겠는가. 잎 또한 키우지 않는다. 기생하는 처지에 군식구까지 거느릴 수 없어 작은 비늘 같은 잎사귀 흔적만 남기고는 이내 거둬버린다. 객쩍은 증산작용을 억제해서 숙주에게 피해를 줄이자는 계산일 것이다. '네가 살아야 나도 산다.'라는 공존의 철학을 실천하는 것이다.

실새삼의 공존공생 논리로 숙주도 건강하게 자란다. 숙주 또한 실새삼의 철학을 깨우쳐 나눔과 베풂의 철학을 실천하는 것이다. 튀밥 같은 꽃을 소담하게 피워낸 고마리를 어찌 피해 식물이라고만 할 수 있을까. 실새삼과 고마리가 한몸으로 서서 두 가지 꽃을 피워낸 것을 보면, 딸의 휠체어를 밀고 캠퍼스를 누비는 친구가 생각난다. 나누면 배가 된다는 말을 실감하게 된다.

불안전한 비극적 존재로서의 운명인 실새삼이 겸손하게 의탁하는 생태구조는 우리에게 또 다른 삶의 한 양식을 보여 준다.

심기일전

30대 중반을 사는 딸에게서 '카톡'이 왔다. 외손녀의 영상이다. 기다리던 딸의 출산이었기에 영상만 보아도 날개가 퍼덕거린다. 그런 내 마음을 헤아리고 수시로 보내온다.

태어난 지 두 달 된 외손녀는 스스로 먹을 것을 구하는 중이다. 제힘으로 손가락이라도 빨아 보겠다고 애쓰는 모습을 보면 안쓰러우면서도 한편 대견하다.

심기일전이라는 제목의 카메라 표시를 누르면, 오른쪽 손가락들을 꼼지락거리는 화면이 펼쳐진다. 이어 비장한 표정으로 주먹을 불끈 쥐고는 마치 쇳덩이라도 움켜쥔 듯 힘겹게 손을 들어 올린다. 그러다가 목 언저리에 툭 떨어뜨리고 만다. 서너 차례 반복해 보지만 입까지는 아직 멀기만 하다.

제목대로 심기일전, 손을 반쯤 펴 다시 주먹을 쥔다. 처음부터 다시 시작할 요량인가 보다. 가까스로 턱밑까지 닿는다. 빨 수 있을 거로 생각하는지 입을 이미 '벙긋'이다. 그러나 그 순간 기력이 다한 주먹은 다시 힘없이 툭 떨어지고 만다. 맨입을 오물거리더니 '쿠!' 하고 한숨을 내뱉는다. 얼굴을 일그러뜨릴 때는 곧 울음보가 터질 것 같아 조마조마하다. 그러나 내 염려와는 달리 다시 주먹을 쥔다.

다음 날 보내온 심기일전 2에서는, 손을 번쩍 들어 단숨에 이마까지 올리기도 하고 어느 때는 제 코를 사정없이 치다가 오른쪽 머리카락을 쥐어뜯기도 한다. 눈 주위에서 손가락을 펼치는 바람에 나를 놀라게도 한다. 외손녀의 입가에는 번지르르 침이 흐르지만, 여전히 손가락은 입에 넣지 못한다.

오늘 아침에도 외손녀는 손 빨기 시도 중이었다. 이번 동영상에서는 손 싸개까지 하고 있었다. 손 싸개가 가로막은 손을 확인하고는 화가 나는지 팔다리를 저으며 바동거렸다.

그런데 주먹을 통째로 입에 넣고 힘차게 빠는 영상이 방금 온 것이다. 또렷한 두 눈은 '외할머니, 저 해냈어요!'라는 메시지가 분명하다. 끝없는 '심기일전'의 결과 드디어 만세다.

한창 들떠 있는데, 이번에는 20대 후반을 사는 아들에게서도 카톡이 왔다. 시험 기간이라 주말에 내려올 수 없단다. 이곳 치과에 예약해 준 진료도 연기했단다. 학점은 학업의 성적일 뿐 아니라 취업준비이기도 한 현실이고 보니 치아 걱정만 할 수도 없는 노릇이다. 만세를 부르던 부푼 마음이 슬그머니 가라앉는다.

여자 친구 한번 소개한 적 없는 아들. 나는 그 나이에 제누나 재롱으로 하루하루가 꿈결이었는데, 아직도 밤낮 책상 앞에만 앉아 있는 아들은 언제 취업하고 결혼하고 예쁜 아기 낳으려나.

삼포 세대란다. 특히 2, 30대 젊은이들은 출산은 물론 결혼과 연애마저도 포기할 수밖에 없기에 그리 일컫는단다. 취업과 내 집 마련까지 더해서 오포 세대라느니 인간관계, 희망마저 포기한 칠포 세대라느니 하는 말도 떠돈다. 더 나아가 아예 삶포 세대라고도 한다나.

이미 일본에서는 체념 상태로 살아가는 청년층, 사토리 세대(さとり世代)가 다각적 문제를 낳은 적 있다. 우리나라에도 한국판 사토리가 없는 것은 아니다. 모 방송의 '나는 자연인이다'라는 프로그램에서는 3년째, 문명을 포기한 삶이 소개되고 있다. 재방영까지 하며 공감대를 넓혀가고 있다.

그래도 '자연인' 대부분은 노년층이라는 점에서 간과할 수도 있지만 피 끓는 청춘의 달관이라니, 당혹스럽다. 청년실업 증가와 학자금대출에 대한 부담, 치솟는 집값 등 과도한 삶의 비용이라는 구조적 난관을 어찌해야 하나.

정녕 가족 구성마저도 포기해야 하단 말인가. 내 아들이, 아니 모든 어머니의 아들이 그리고 딸이 어느 것 하나라도 포기하지 말기를 기도한다. 외손녀의 '심기일전' 과정을 그들도 수 없이 거쳐 왔기에 그러리라 믿는다. '삼포 세대'라는 바윗덩이는 던져버리고, 포기를 포기한 '포포 세대'라는 깃발을 그들의 앞길에 펄럭여 본다.

힘겨울 아들에게 격려금이라도 얼마 보내야겠다는 생각으로 인터넷뱅킹 사이트에 접속했다. 조금 전에 만세를 외치게 했던 외손녀의 심기일전 시리즈도 생각해 냈다.

"시험 준비하기 힘들지? 격려금 쪼끔 보낸다~♡. 심기일전하는 네 조카 동영상도~^^."

그런데 스마트폰에 온 출금 확인 문자를 확인하다가 나도 모르게 '으헉!' 하는 소리를 내뱉고 말았다. 금액란에 비밀번호를 눌러 '얼마'의 열 배쯤 되는 금액이 아들 통장으로 빠져나간 것이다.

어쩌랴, 이미 빠져나간 것을. 어미 체면에 되돌려 달랄 수도 없는 노릇 아닌가. 이번 달 가계부에는 붉은 글씨가 적히겠지만, 그렇게라도 고통을 함께해야지. 그래, 나도 심기일전이다. 힘차게 주먹 빠는 외손녀의 영상을 다시 클릭한다.

씨오쟁이

아우내장터로 장을 보러 간다. 새로 난 21번 국도를 타면 빠르게 갈 수 있지만 천안삼거리를 지나 옛길로 간다. 한차례 내린 소나기로 출렁거리는 능수버들 푸른 물결이 더욱 싱그럽다.

20여 분 달리니 아우내장터를 알리는 비석이 반긴다. 글자 위에 얼룩진 이끼가 그곳의 오랜 역사를 말해 주는 듯하다.

저잣거리에 들어서니 순댓국 구수한 냄새가 침샘을 자극한다. 길을 따라 양쪽으로 늘어선 순댓국집, 이름난 '병천 순대거리'이다. 1960년대에 병천 인근에 돼지고기로 햄을 만드는 공장이 들어서자 그에 맞서 아우내 사람들은 순대를 만들어 팔았다. 그러기를 어언 50년이나 되었으니 '50년 전통'이라는 자랑도 단순히 허세만은 아닐 것이다. 뿌리가 이만큼 깊게 뻗다

보니 장날에만 순대를 팔던 한두 곳이 지금은 50여 곳으로 늘어나서 상시 영업하는 천안의 명소 '병천 순대거리'로 이름이 알려졌다. 전국 어디를 가나 순댓국집 간판에는 접두사처럼 '병천'이라는 지명을 덧붙여서 '병천순댓국집'으로 행세한다. 거기에다 서울 - 천안 간 전철이 개통되면서 아우내순댓국을 맛보러 내려오는 서울 고객이 많아졌다고 하니 가히 전국의 명소라고 할 만하다.

병천순대는 돼지 큰창자를 쓰는 함경도 아바이순대와 달리 작은창자를 쓰기 때문에 누린내가 나지 않고 선지에다 갖은 채소로 속을 꽉 채워서 맛이 담백하다. 입소문이 난 집 앞에는 손님들이 줄을 서서 기다리기도 한다. 그러나 아우내장터 순대국밥은 어느 집이 됐든 구수하고 푸짐하며 칠천 원으로 입맛의 호사를 누릴 수 있는 별미이다.

병천순댓국의 또 한가지 매력은 돼지 사골을 오랜 시간 고아 우려낸 국물 맛에 있다. 국밥집에 들어서면 가마솥에서 끓는 순댓국 육수가 먼저 김으로 반긴다.

발길 닿는 곳으로 들어간다. 주문하자 이내 뽀얀 사골국물에 순대와 내장, 머릿고기 등 건더기로 그들먹한 순댓국이 나온다. 들깻가루를 한 숟갈 넣고 송송 다진 청양고추를 뚝배기에 띄운다. 먹기 좋게 국물이 식을 동안 건더기를 건져서 새우젓에 찍어 먹으니 입안에 도는 감칠맛이라니….

맛있게 잘 먹었다는 인사에 인심 좋게 생긴 주인아저씨가 커피 한잔을 들려주며 식당 뒤 나무 그늘로 안내했다. '아우내 독립만세운동 기념공원'이라고 쓴 커다란 조형물이 눈을 부릅뜬다. 입만 호강시키지 말고 정신도 깨워 가라는 뜻일 게다. 안내판을 보니 아우내독립만세운동 당시 일본 주재소가 있던 자리이다. 당시 시위 군중은 태극기만으로 이곳에 몰려왔고 일본 헌병의 총부리와 맞서야 했다. 지금은 '그날의 함성'이라는 조각상만이 자리를 지키고 있다.

아우내장터 만세사건은 전국에서 일어났던 3.1 독립운동 중 규모가 가장 크다. 1919년 아우내 장날인 4월 1일, 3천여 명이나 되는 군중이 모였다. 비밀리에 약속한 시각인 정오가 되자 의연히 나선 유관순 열사의 비장한 연설에 군중은 하나같이 태극기를 들고 대한독립만세를 외쳤다.

'오늘 정오를 기하여 병천 시장에 번득이는 태극기를 따르라! 모이라! 잃었던 국토를 다시 찾자!'

그때의 함성이 조각상의 입에서 다시금 터져 나올 듯하다. 네댓 살쯤 되어 보이는 어린이 둘이 세발자전거를 타고 만세 인파가 새겨진 조각 주위를 돈다. 까르르 웃음소리도 따라 돈다. 두 모습이 참으로 대조적이면서 한편으로는 인과의 현상으로 다가온다. 내가 나무 그늘에 앉아 편히 쉴 수 있는 것조차도 저토록 피맺힌 절규와 희생의 대가일 것이다.

아우내 만세운동 발생지를 뒤로하고 저잣거리로 다시 발길을 옮긴다. 즐비한 천막으로 향하는 인파의 흐름에 발을 맡기고 장 구경을 한다. 돼지껍질 무침과 막걸리를 파는 아주머니의 이마에 땀이 송골송골 맺혔다. 아줌마를 연방 부르는 천막 아래 사람들은, 음식을 주문하는 것이 아니라 맞은편에 앉은 일행에게 건넬 한 접시 정을 청하는 것만 같다. 가족끼리, 또는 이웃끼리 옹기종기 모여 앉아 담소를 나누는 모습이 더없이 정겹다.

이곳은 사방이 산으로 둘러싸인 분지라서 냇물이 합치는 지역이다. 아우내라는 지명 역시 백전천과 갈전천이 아우른다는 말에서 연유되었고, 이를 한자어로 바꾸어서 병천(倂川)이라고 한다. 동쪽으로 진천이 사십 리, 서쪽으로 천안이 사십 리, 남쪽으로 오창이 사십 리, 북쪽으로 입장이 사십 리. 그나마 큰 고개를 넘어야만 했다. 장길이 그렇게 멀고 험하다 보니 아우내 사람들은 따로 장을 틀 수밖에 없었을 것이다. 그런데 장 풍경을 보면 하천만 아우르는 곳이 아니라 세상살이 고달픈 네 마음 내 마음도 막걸리 사발에 녹여 아우르고, 내 고장 물건 네 고장 특산물도 장바닥에서 아우르는 곳이란 생각이 든다.

"뻥!"

느닷없는 포성이 상상 속에 있는 나를 내동댕이친다. 깜짝 놀라 돌아보니 보얀 김에 가려 '범인'은 보이지 않고 고소한 뻥튀기 냄새가 놀란 마음을 달래 준다.

장 보러 왔으니 무엇이든 사야 할 것 같다. 남편이 좋아하는 짭조름한 조개젓 한 종지에 창가에 걸어 둘 관엽 화분도 하나 산다. 이어 '복상'이라고 써 붙인 트럭 옆으로 발길이 향한다. 이것저것 사다 보니 양손에 든 비닐꾸러미가 묵직하다. 배불리 먹고, 역사를 학습하고, 장보기를 넉넉히 했어도 마음의 지갑은 오히려 두둑해졌다.

많은 사람과 자동차가, 순댓집과 천안호두과자 가게와 3.1 운동 발생지를 알리는 조각상 사이를 오가며 아우러져 정겹고 활기차다. 좌판도 없이 길가에 늘어놓은 똬리, 채반, 죽부인, 멍석…. 씨오쟁이는 특히 반갑다. 문득 고향 집 처마 밑에 붙어있는 제비집이 시야를 가려 덮는다. 씨오쟁이하고 모양이 비슷해서일 것이다. 제비집처럼 겉이 오돌토돌하고 앙증맞은 씨오쟁이를 손으로 쓸어본다. 먹이를 구해 날아오는 어미를 향해 한껏 입을 벌리고 재촉하던 어린 제비 새끼들이 화르르 날아오를 것만 같다. 제비집엔 제비의 대를 이어갈 제비 새끼들이 자라고, 씨오쟁이엔 다음 해 농사를 이어갈 씨앗이 오롯이 담겨있었다. 작지만 생명을 이어가는 소중한 터전이다. 산으로 빙 둘러싸인 아우내장터 또한 우리네 건강한 삶을 갈무리하는 또 하나의 씨오쟁이가 아닐까.

아줌마들의 숨통 돌파구

화장실을 보면 그 나라 문화가 보인다고 한다. 여기서 말하는 화장실은 먹은 것을 누는 공간만이 아니고, 보고 듣고 느끼고 생각한 온갖 추상적 받아들임의 배설물인 '표현하다'의 결과물도 포함되리라 생각한다. 그러므로 시공간이나 계층에 따라 그 모습도 천태만상이리라.

나는 지금 어느 아줌마들의 화장실 문을 열었다.

그들은 매주 화요일 오전 열 시면 어김없이 모여든다. 2002년부터 시작되었으니 서로 십년지기가 된 이들도 여럿 있다.

그들의 연령층은 30대부터 80대까지 다양하다. 사회에서의 역할도 갖가지이다.

출석 성적은 나이가 많을수록 좋다. 자식이자 어미이고 아내이기도 한 젊은 아줌마들은 할 일이 좀 많겠는가. 하루하루를 치밀하게 계획하여 그 시간을 비워두어도 예상 밖의 집안일은 얼마든지 툭툭 튀어나오기 마련이니까. 반면 자식들 다 키워 제 갈 길로 보낸 연세 지긋한 분들일수록 출석률이 높고 영감님마저 저승길로 배웅하고 난 사람들은 빠지는 일이 거의 없다.

그들의 배설물은 수필이다. 수필의 요소 하나둘쯤 무시되기도 하는, 막혔던 가슴의 응어리를 풀어내는 기능으로서의 글이다. 어린 시절 계모 밑에서 자라면서 지나가는 길에 얼핏 보았던 생모에 대해 그리움을 풀어내기도 하고, 모질고 모질었던 시집살이의 한을 토해내기도 한다. 성치 못한 자식을 키우면서 겪는 아픔도 써오고, 불청객 암과 타협하는 과정도 적어온다. 때로는 사회의 부조리를 향해 따끔한 채찍을 휘두르기도 한다.

그러기에 배설의 과정도 순탄치만은 않다. 합평할 때 지은 이가 읽다가 복받쳐 말문이 막히면 옆 사람이 받아 읽으며 눈시울을 붉히고, 끝내는 듣는 이까지 훌쩍거리기도 한다. 색다른 기행수필이라도 한 편 나오는 날이면 이구동성으로 가보자고 들썩거린다.

오늘은 지난 일 년 동안 배설한 결과물들이 수필집이란 이름으로 다시 태어난 날이다. 이 뜻 깊은 날을 기억에 갈무리하기 위해, 수필집과 곱게 빚은 떡 케이크를 싣고 지리산 성제봉 아래 무딤이들로 달려왔다. 섬진강 푸른 물에 한눈파느라 한

옥 대청마루에 짐을 푼 시각은 이미 해가 저문 후였다.

이미 여섯 번째 동인지라고 여섯 개나 되는 촛불을 밝혔다. 달마저 뜨지 않는 그믐밤에 가녀린 촛불이 어둠을 힘겹게 밀어냈다. 마치 맨손의 아줌마가 가족의 뒷바라지를 위해 세상의 거센 물결과 마주 선 모습 같았다. 밤바람에 가볍게 떨리던 촛불이 박수와 함께 가뭇없이 사라지니 어둠이 밀려와 시야의 모든 것을 삼켜버렸다.

없다는 것은 무한한 가능을 의미하기도 한다. 그들은 까만 허공에 알록달록한 새 무늬를 새기기 시작했다. 여느 출판기념회의 형식과 달리 한 사람씩 일어서서 하고 싶은 말로 발간사, 축사를 대신했다. 아줌마들은 마누라도, 엄마도, 며느리도 아닌 온전한 자아로서 존재감을 나타내었고 서로 공감하며 카타르시스를 즐겼다. 주제도 시간도 제약 없는 또 한번의 편안한 배설의 시간이었다. 마이크가 한 바퀴 돌고 나니 밤이 이슥했지만 잠을 자자는 사람은 아무도 없었다.

그럴 줄 이미 짐작했는가. 방마다 윷판이 준비되어 있었다. 놀이는 내기라야 제맛이라며 지폐를 한 장씩 걸고 윷가락을 던졌다. 이 방 저 방에서 웃음소리와 탄성이 터지더니 이윽고 이마에 만 원권을 한 장씩 붙인 한 무리가 마당으로 나왔다. 이어 승자도 패자도 없이 덩 덩덕 쿵덕 세마치장단 흥겨운 춤사위로 한데 어우러졌다. 이마에 붙었던 지폐도 허공을 나르며 춤을 추었다. 그렇게 한바탕 쏟아내었다.

오늘 밤 흐뭇하게 배설했으니 내일은 주어진 자리로 돌아가 주어지는 세파를 묵묵히 받아들이리라. 견디어 내리라. 가는 길에 화개장터에 들른단다. '있을 건 다 있는' 그곳에서 식구들의 입맛을 헤아려 이것저것 장을 봐다가 여독을 풀 새도 없이 앞치마를 두를 것이다.

벌써 동이 트려는지 딱새가 운다. 잠깐이라도 눈을 붙여야겠다. 화장실 문을 닫으며 결 고운 비단에 '아줌마들의 숨통 돌파구'라 쓴 편액을 마음으로 건다.

오늘이라는 선물

귀뚜라미 소리에 잠이 깼다. 살며시 창문을 여니 훅 안기는 새벽 공기가 탄산수 맛이다. 읽다 만 책을 펼쳤다.

얼마쯤 지나니 여지없이 어깨가 뻐근하고 허리가 아팠다. 앉아 있는 시간이 많다 보니 자주 그런다. 운동하라던 상가 의사선생님의 얼굴이 떠올랐다. 길 건너 중학교에 가서 운동장이라도 몇 바퀴 돌아야 될 것 같아서 꽃 그림 책갈피를 끼우고 책을 덮었다.

트랙을 따라 도는 예닐곱 사람들 틈에 끼었다. 아파트 옥상 위에서 하얀 그믐달도 함께 돌았다. 이미 운동을 끝낸 사람들은 나무 밑 벤치에 앉아 도란도란 이야기를 나누었다. 대여섯 바퀴 돌고 나니 굳었던 허리가 부드럽게 느껴졌다. 벤치를 찾아 잠시 숨을 고르는데

"허리가 그래 꼿꼿하니 을매나 좋아유, 보기 좋아유, 부러워유…."

옆 벤치에서 할머니 한 분이 굽은 등을 주무르시며 허리 아픈 나를 연신 부럽다고 하셨다.

두어 바퀴 더 돌고 교문을 나서는데 십여 미터 앞에서, 위층 사시는 아저씨가 걸어오셨다. 아직 지난밤의 꽁무니가 남아있어 사방이 희미하지만 걷는 모습을 보니 분명 위층 아저씨였다. 반갑게 안부를 묻자 반바지를 걷어 올려 수술 자국으로 얼룩진 다리를 내보이셨다.

"구들장 신세는 면했으니 고맙지유."

다친 다리의 커다란 흉터에 놀란 나를 오히려 위로하시고는 운동장을 향해 웨절룩웨절룩 멀어지셨다.

담장을 끼고 모퉁이를 돌자 은은한 꽃내음이 반겼다. 코를 벌름거리며 둘러보니 머리 위로 능소화가 한창이었다. 조금 전 읽다 만 책에 꽂아 둔 책갈피에서 능소화들이 몰려나왔나 하는 상상을 잠깐 했다.

그 꽃처럼 환하게 웃던 친구가 있었다. 나처럼 능소화를 좋아했을까. 능소화를 예쁘게 그려 책갈피를 여러 장 만들어 주었었다. 이제는 만날 수 없지만, 그녀가 준 책갈피는 책을 읽을 때마다 곁에 있다는 착각을 하게 한다. 마음이 혼란스러운 것은 사건이 아니라 사건에 대한 각자의 판단이라는 책갈피의 글을 읽으면 생전의 목소리가 들리는 듯하다.

나와 동갑이었던 그녀는 2년여 투병 생활을 했었다. 그러는 동안 아픈 사람이라는 걸 잊을 정도로 밝은 모습이었다. 막바지에 그녀가 쓴 '아름다운 선물'이라는 수필이 있다.

"눈을 떴다. 캄캄한 어둠 속에서 얼마나 헤맸는지 흠뻑 땀에 젖었다. 창문으로 어슴푸레 여명이 비쳤다.

'아, 오늘이라는 선물이 왔구나!' 순간 기분이 좋아졌다."

(하략)

그녀는 떠났지만, 그 글은 내 마음에 남아있다. 남아서 하루하루가 선물이라는 깨달음을 준다. 우리는 각자에게 주어진 한정된 시간을 소비하고 있다는 사실을 잊고 산다. 그러기에 덮여서 감추어진 모습으로 살아간다. 자신의 생각을 예리하고 날카롭게 벼리기 위해서 글 쓰는 사람들은 묘지가 잘 보이는 곳에 서재를 장만하라고 했다던 몽테뉴, 내게 그녀는 몽테뉴이다.

허리가 굽은 할머니나 겨우 걷는 위층 아저씨는 이미 그걸 아시는 거 같다. 몸이 불편하다고 불평하지 않고 밝은 모습으로 새벽 운동장을 찾으시니 말이다.

귀뚜라미의 축가와 함께 받은 '오늘'이라는 선물. 허리가 굽은 할머니도 웨절룩거리는 위층 아저씨도 각각의 선물을 받았다. 그녀가 간절히 바라던 '오늘'이라는 귀한 선물이다.

천안역 서정

새벽 어스름, 천안역으로 간다.

기차를 타고 천안에 처음 오던 날이 생각난다. 기억 속에 붙박이로 존재하는 얼굴, 아버지. 아버지와 함께 새벽에 고향역을 떠나 이곳으로 왔었다.

나의 혼수를 장만하기 위해서였다. 안살림은 어머니가 다 하셔왔기에 아버지는 세간에 대해 모르실 줄 알았는데, 천안역 근처 중앙시장으로 가셔서는 연탄집게, 가리개 따위의 소소한 것까지 꼼꼼히 살펴 고르셨다. 나는 아버지의 꽁무니만 따라다녔다. 그렇게 이틀 동안 발품을 팔아서 마련한 살림살이로, 남의 집 문간방에 마련된 신혼 방 안팎을 채워 주셨다.

그리고는 먼저 갈 테니 하루 더 묵어 오라시며 천안역으로 향하셨다.

"간다."

못내 서운하셨던지, 어깨가 처지신 아버지는 개찰구 앞에서 나를 한 번 더 돌아보셨다. 그리고는 어둠 속으로 허정허정 걸어가셨다.

기억 속 천안역에는 서너 살 큰애도 있다. 가끔 아버지를 뵈러 갈 때 하루 한 번뿐인 저녁 기차를 이용했다. 플랫폼에는 홍익회 매점에서 끓이는 멸치 육수 냄새가 진동했었다. 어린 것이 어른처럼 그 육수에 말아주는 가락국수를 좋아했다. 희미한 불빛 아래서 국수 가락을 호호 불어주면 오물오물 잘도 먹었다.

그 애가 자라 학업을 마친 후에는 천안역에서 기차를 타고 서울로 출퇴근했다. 새벽잠을 설치며 출근하는 여식이 안쓰러워서 매일 역까지 배웅했다. 파김치가 되어 돌아오는 것 또한 안타까워서 어스름한 저녁이면 이곳으로 마중을 나왔었다. 한동안 그렇게 천안역을 오가던 큰애는 그곳에 새 보금자리를 마련하여 내 품을 떠났다.

그러고 보니 내 기억 속의 천안역은 어둠과 밝음의 전환점에 있다. 어스름 저녁에 부모님 슬하를 떠나왔으며, 이후 가끔 저녁차로 친정에 다녔다. 이른 아침과 초저녁에 딸을 배웅하고 마중하다가 제 길로 떠나보냈다.

기차의 속성이 그런지도 모른다. 기차가 도입된 시기도 봉건사회에서 근대사회로 접어드는 전환기였다. 화륜거라 불리던 당시의 증기기관차는 기껏해야 시속 2,30킬로미터였다. 그러나 걸어서 오가던 당시에는 나는 '새보다도 빠르다'며 충격했다. 충격이 마냥 좋기만 하지는 않았다. 외세침략과 맞물려 악귀가 붙었다느니 '왜귀'라는 등의 오명을 얻기도 했다. 사람들은 지나가는 기차에 주먹질을 하고 철길 위에 돌을 올려놓았다. 심지어 인근 전의역을 불 지르기도 했다.

이처럼 전환에는 서로 다른 현상의 양 끝점이 동시에 존재한다. 얼마간의 갈등이 따르기 마련이다. 아버지를 떠나올 때나 큰애를 떠나보낼 때 기쁨 한편의 아릿한 아픔을 견디어야 했었다.

배낭을 멘 사람이 졸음어린 걸음으로 맞이방에 들어선다. 차림새로 보니 여행을 가나 보다. 오늘 저 사람의 천안역은 일상과 휴식의 전환점이리라.

나는 강의를 들으러 간다. 말끔하게 다림질된 셔츠가 땀으로 촉촉이 젖도록 '동양철학'를 강의하던 사상가, 일 년 만에 다시 만나는 그는 오늘 내 생에 어떤 변화를 가져다주려나. 또 한 번의 전환을 꿈꾸며 새벽 기차를 기다린다. 아침이 어둠을 서서히 밀어내고 있다.

측은지심

가까운 독립기념관에 다녀왔다. 몇 번이나 관람했지만, 워낙 방대한 자료가 있어 갈 때마다 새로 보이는 것이 있다. 이번에는 제2관을 샅샅이 살폈다. 개항부터 시작해서 일제강점기를 지나 독립에 이르기까지의 과정을 돌아본 것이다. 역사의 소용돌이에서 고통당한 백성의 모습을 보고 있자니 그 아픔이 고스란히 전해져 분노의 감정으로 이어졌다. 무엇보다도 정신대란 이름으로 끌려가서 치욕을 견뎌야 했던 할머니의 외침, "돈 몇 푼 받자는 것이 아니다. 진심으로 사과하라!" 전시관에서 나왔지만 그 메아리는 계속 뒤를 따라왔다.

그런데 그러한 감정이 어찌 이리도 쉽게 무너진단 말인가. 집에 돌아와서 텔레비전을 켜니 지진과 쓰나미가 일본 열도를 강타했다는 뉴스 속보가 채널마다 요란했다. 2년 전, 진도 8을 전제로 만들어진 영화 〈해운대〉의 참혹함이 화제가 되어 천만이 넘는 관객을 동원했었는데, 허구의 그 지진이 사실로 다가온 것이다. 독립기념관에서 품고 온 나의 분노는 화면에서 솟구치는 지진과 해일에 묻혀서 흔적이 없고 닿을 길 없는 연민의 정이 그 위에서 넘실거렸다. 나를 따라오던 할머니의 절규 또한 숨 막히는 공포의 정적 속으로 숨었다. 화면에서는 건물이며 차들이 격랑에 휩쓸렸다. '저 사람들을 어떻게 해!' 나도 모르게 입에서 나오는 말이 그러했다. 격랑의 감정 밑바닥에 묻혀 있던 인간 본연의 심층에서 솟아오르는 소리일 것이다.

측은지심惻隱之心은 인간의 본성이 어질다는 단서라고 한 맹자의 사단설은 예외가 없다. 어려운 상황에 처한 사람을 보면 그가 누구든 우선 구해 주는 게 인간 본연의 행위다. 내 뒤를 따라오면서 사과하라고 외치던 할머니 또한 내 옆에 앉아서 화면을 보았다면 격랑에 쓸려가는 그 사람들에게 손을 뻗쳐서 구하고 싶었을 것이다. 그러면서도 사과하라고 절규하는 그 속내는 무엇일까? 인간의 어진 본성으로 돌아가자는 외침일 것이다. 미련한 사람은 상처를 보상받기 위해서 복수의 칼을 갈지만, 그 칼날은 도리어 자신의 가슴을 찌르는 고통이다. 할머니도 아실 것이다. 그렇다면 분풀이의 외침이 아니고 내 안에 묻혀 있는 인간 본연의 선한 마음을 깨우쳐 주는 소리이다. 지금까지의 인류 역사가 그 본성 위에서만 엮어졌다면 적이 어디 있겠는가. 나와 이웃도 그렇다.

멀지도 않은 이웃 나라 사람들의 참상이 가슴 아프기만 하다. 피를 쏟듯 절규하던 그 할머니의 영혼도 하늘에서나마 표류하는 일본에 구원의 손길을 뻗칠 것이다. 제발 더 이상의 참상이 없게 해 달라고 나 또한 빈다.

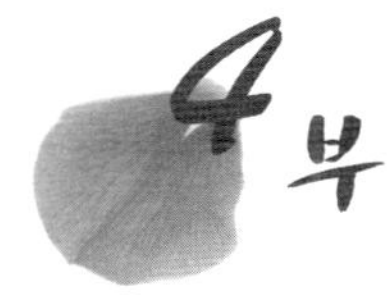
4부

내 마음의 유척

남자가 서랍에서 쇠막대를 꺼내자 여자가 소스라치게 놀랐다. 남자가 그것으로 맥주병을 따는 동안 여자는 애써 태연한 척하지만 커진 동공을 카메라가 놓치지 않고 클로즈업해 줬다.

여자를 당황하게 한 쇠막대가 도대체 무엇일까. 스마트폰으로 검색하니 유척이란다. 암행어사가 지니고 다니며 곤장이나 형틀의 크기 등을 재던 기구, 도량형의 기준이 되는 일종의 자란다. 자잘한 글자를 읽으랴, 화면의 두 남녀 검사가 유척을 놓고 갈등하는 이유를 추론하랴 바쁜데 스마트폰이 부르르 보챘다.

"걱정 없는 집 명절은 어땠나 궁금해서."

해가 바뀌도록 밥 한 끼 같이 못한 동창생이었다. 물리적인 거리는 그렇더라도 그와 나는 마음의 벽을 허문지, 아니 처음부터 벽 없이 지내온 지 오래되었다. 산골 친구란 게 으레 브모 형제까지 다 터놓고 지내는 이웃사촌 아닌가.

그런데 '걱정 없는 집'이라니?

초등학교 때부터 순한 그였다. 다른 사내아이들과 달리 그는 '아이스께끼' 같은 건 하지 않았다. 고무줄 놀이할 때도 훼방 한 번 놓지 않고 비켜 가던 그였다. 중학교에 입학하면서 각기 다른 학교로 헤어졌다가 대학 2학년 때 다시 만났다. 어느 날, 마애삼존불 같은 얼굴로 교정에 나타나 나를 선배님이라고 불렀다. 그가 나의 후배가 된 사연은 이랬다.

고향에서 재수할 때 그의 어머니께서 홀로 농사를 지으며 뒷바라지를 하셨다. 그러다보니 "고추씨 넣으려면 밭 갈아야 하는데…. 못자리 상토 조금만 마련해 주고 들어가면 안 될까…." 하시며 수시로 일손을 찾았다. 농사란 다 때가 있는 법, 결국 추수까지 끝내주고 나서야 제대로 머리를 싸매고 책상 앞에 앉을 수 있었다.

그러다 보니 이리되었다며, 내가 좋아 따라서 온 건 아니라고 낯을 붉혔다. 그런 그를 교정에 남겨두고 나는 한 남자의 아내가 되어 가정의 울타리 안에 안주했다. 그는 졸업 후에도 학업에 정진하여 매스컴에 오르내릴 정도로 공학계의 큰 인물이 되었다. 동화 속에서 경주하던 거북이 같은 사람이다.

그런 그가 토끼 같은 내 처지를 잘 알면서 걱정 없는 집이라니…. 웃음소리까지 섞어 둘째는 어떻게 지내냐고 다시 물었다. 잘 지낸다고 건성으로 말했다. “뒷바라지한 보람이 있지?” 라고 되물었다. 뒷바라지? 그제야 ‘걱정 없는 집’이라던 그의 말이 괜한 소리가 아니란 걸 깨달을 수 있었다. 나는 아무런 걱정이 없어야 할 사람이었다.

풀장까지 딸린 저택에서 지내던 둘째가 어느 날 문득 용달차를 앞세워 둥지로 되돌아왔다. 제 길이 아니었다니 다시 품어야 할 밖에. 수험생의 엄마로 돌아가 종합비타민과 홍삼을 준비하고 때맞춰 도시락까지 챙기자니 새삼스러웠다. 유통기한 지나 해진 둥지를 보수하는 일보다 견디기 어려운 건 트레이닝복 차림의 아들을 곁에서 보는 일이었다. 날이 갈수록 식사량이 줄고 그나마도 소화를 못 시키는지 책상 위에는 약봉지가 가끔 놓여있었다. 같은 자세로 오래 앉아 있다 보니 욕실 쓰레기통에서는 박하 냄새가 자주 났다.

어느 날, 독서실로 향하는 뒷모습을 보다가 문득 목이 메었다. 도시락 두 개 든 커다란 책가방에 낡은 트레이닝복 차림이 새삼 낯설었다. 둥지로 되돌아올 때, 엄마가 도울 건 뭐냐며 호기롭게 맞이했었다. 첫해 시험에 실패했을 때도 내년에 수석으로 붙자고 의연하게 응원한 나였다. 그런데 그날은 왜 그랬을까. 새 바지 사다 걸어놓았건만 왜 매일 저 옷이란 말인가. 현관문이 닫히자 집안의 모든 것들이 별처럼 반짝거리다가 이내 흔들렸다.

그날 내 하소연을 받아 준 친구가 바로 그였다. 전화기에 대고 낡은 트레이닝복만 아니면 더 바랄 것이 없겠다고 속내를 털었었다.

그런 과정을 거쳐 둘째는 새 양복 차림으로 둥지를 떠났다. 그러고 맞은 첫 설에 그가 전화해 온 것이었다. 걱정 없이 살고 있을 나를 축하해 주고 싶었던가 보다.

그런데 이상하다. 더 바랄 것이 없이 행복해야 하는데 여전히 걱정이 많다. 바라던 것이 이루어지고 나면 조금 더 큰 욕구가 생기고 그러니 걱정도 더 많아진다. 최근에는 이런저런 걱정으로 명치끝이 아파 병원 신세까지 졌다.

친구가 일깨워준 대로 걱정 없이 살 수는 없을까. 그러고 보니 둘째의 최종합격을 확인하던 날은 걱정이 없었다. 온종일 발이 땅에 닿지 않는 느낌으로 기쁘기만 했다. 그러나 그날의 만족감은 이런저런 일상에 시나브로 묻히고 말았다.

걱정 없이 잘 지내야 할 처지인데…. 내면적 욕구나 성장 동기와 상관없이 외부로부터 부여된 가치에만 귀를 기울일 때 심리적 문제가 발생한다고 한다. 내가 바라고 이루려는 욕망이 진정 내가 원하는 것인가. 욕망을 조율할 수 있는 유척은 없을까. 생각 끝에 합격증명서를 부탁하여 책상 앞에 붙였다.

끝없는 욕망으로 걱정이 늘어갈 때 그것으로 걱정 없던 그날을 기억해내고자 한다. 더 바랄 것 없이 만족하던 그날과 지금이 무엇이 다른가. 기준 없이 요동치는 내 욕망 빼고는 모두가 그대로이다.

오늘도 책상 위 A4용지 크기의 마음 재는 유척을 보며 스스로 최면을 건다. 친구가 묻고 내가 대답한다.

"걱정 없는 집 명절은 어땠나 궁금해서…."

"알잖아, 걱정 없이 잘 지내지."

두 개의 문

"지금 당장, 빨리 외과로 오세요!"

종합병원 콜센터 직원의 재촉하는 수식어 셋이 돌개바람으로 의식을 흩트렸다. 손가방에 지갑과 핸드폰을 쑤셔 넣고 주차장으로 종종걸음 치는데 입안이 바짝바짝 말랐다.

정신없이 도착하니 병원 입구는 잔치 마당처럼 천막이 즐비했다. 에스키모 같은 방호복 차림의 안내원이 다가와 지휘봉으로 앞을 가로막았다. 몇 가지 질문에 대한 답과 인적사항을 받아 적고 나서야 당일 출입증을 내밀며 저쪽으로 가란다.

'저쪽'은 일반 환자들이 국민안심병원으로 들어가는 길이고 '이쪽'은 코로나19 의심 환자들이 검사를 받으러 선별진료소로 가는 길이었다. 현관 입구에 도착해서 한 번 더 코로나19 의심 환자가 아니라는 확인 절차를 거치고 나서야 접수창구 번호표를 뽑을 수 있었다.

이윽고 의사에게 비닐봉지 안에서 뻘뻘 기어 다니는 '그놈'을 내밀었다. 그놈이 이틀 동안이나 주둥이를 박고 있던 자리도 들이댔다.

의사는 아무렇지 않은 듯 소독솜으로 쓱쓱 문질렀다. 내 몸에서는 혈관마다 파도가 치는데 그는 고요한 바다였다. 더구나 물린 자리는 놔두고 엉뚱한 곳을 그러고 있었다. 거기가 아니라고 직설을 날렸다. 그러거나 말거나 의사는 "점이었나아?"라고 리드미컬하게 중얼거리며 물린 자리를 찾아 다시 두어 번 문질러 주고는 됐단다.

'살인진드기'는 책상 위에 놓인 채로 봉지 안에서 내 몸을 찾아 분주했다. 저건 어떡하느냐고 물으니 "놔두세요. 제가 먹어 치우죠, 뭐…."라며 웃음기까지 슬쩍 비쳤다. 내가 피식 웃자 그제야 녀석이 살인진드기라는 오명을 쓰게 된 이유를 설명했다. 잠복기는 1~2주라고 했다.

돌아오는 길에도 여러 생각이 머릿속에서 뒤엉켜 혼란스러웠다. 만약에 녀석이 SFTS 바이러스에 감염된 진드기라면 내게 주어진 시간은 얼마나 남았을까.

현관문을 여니 빈집의 적막함이 파도처럼 밀려왔다. 소파에 걸터앉아 녀석이 붙어있던 자리를 하릴없이 바라보다가 점이냐고 하던 의사의 말이 떠올랐다. 점이 있었나?

그런데 아뿔싸, '점'에서 미동이 감지되는 게 아닌가. 자세히 보니 또 한 마리의 진드기가 내 살갗에 주둥이를 처박고 있었다. 밭에 다녀오고 나서 두 번이나 샤워했는데도 떨어지지 않고 달라붙어 있다니…. 과연 진드기였다.

그나저나 한 마리가 아니고 두 마리이니 감염될 확률도 두 배로 높아진 거 아닌가. 잠복기 1~2주라는 말이 또 한 마리의 진드기로 의식에 달라붙어 불안을 키웠다.

당장 다음 주의 산행 약속은 어떡하나. 그동안 코로나19 사태로 갇혀 지내다가 어렵게 마음 먹은 산행인데…. 그래도 그렇지. 사람 간에 전염된 사례도 있다는데…. 생각이 거기까지 미치자 불참을 결정했다. 좀처럼 약속을 어기는 일이 없던 분이 웬일이냐며 주선자는 의아해했다.

지나온 62년 세월이 차창 밖의 풍경처럼 스쳤다. 봉선화가 예쁘던 고향 집 안마당, 부모님과 숙조부 내외분과 우리 딸 다섯과 남동생 그리고 일하는 아저씨네 가족까지 언제나 시끌벅적하던 바깥마당, 아버지께서 등록금을 쥐여 주시던 간이역 대합실, 단칸셋방 신혼시절의 풋풋함, 첫아이 난산할 때 훔쳐본 어머니의 먹빛 얼굴, 커가는 두 아이의 대견한 모습들, 첫애가 데려온 청년의 환한 얼굴과 그들이 낳은 손녀의 까르르 동동, 문우들과 보고 느낀 쪽빛 하늘과 꽃바람들, 강의실 학생들의 천진한 눈빛들….

최근에 받은 둘째의 합격 소식까지 재생되자 내 안의 파고가 차츰 낮아졌다.

길게 숨을 내쉬었다. 그만하면 누리고 살아왔구나 싶었다. 더구나 의사가 괜찮을 거라고 하지 않았나. 한국불교의 뿌리를 이룬 원효는 『대승기신론소』에서 한 마음에 두 개의 문이 있다고 한다. 나는 두 개의 문 중에, 있는 그대로의 본래 모습인 진여문을 제쳐두고 만들어내고 없애고를 반복하며 미혹의 문인 생멸문으로 내달리고 있었다. 움막인 줄 알고 들어가 원효가 달게 마신 무덤 속 해골에 고인 물은 단물인가, 썩은 물인가. 움막 속 단물인 줄 알고 마셨을 때는 갈증이 멎고 시원했지만, 그것이 무덤 속 해골에 고인 물이라고 인식하자 더러워 구역질했다.

콜센터의 안내가 바람으로 불어 생멸문으로 떠밀려 다니던 나는 의사가 일러 준 잠복기를 하루 남겨 두고서야 가까스로 파도를 잠재울 수 있었다. 그날 꿈에서 새 옷을 샀다. 전에도 어두운 생각에서 벗어날 때면 새 옷 꿈을 꾸었었다. 이번에는 쪽빛 화려한 옷이었다. 자로 잰 듯 내 몸에 꼭 맞았다.

꿈을 꾸고 난 다음 날, "진드기 물린 환자 여러 명 왔었지만, 발병하여 내과로 보낸 환자는 한 명도 없었다"는 의사의 말을 새삼 떠올리며 민망했다.

생멸문과 진여문, 두 문은 언제나 한 마음에서 공존한다고 한다. 서로 대립하지도 않는다고 한다. 파도와 바닷물이 다 물이듯 말이다.

내일은 어느 문이 열리려나. 한동안 요동쳤던 내 마음과 달리 책상 위 시곗바늘은 한결같이 째깍째깍 제소리 제 속도로 고요하다.

무지의 지

홀로 낙오되어 헤매던 병사가 아군의 지휘관을 만나면 이런 느낌일까. 은퇴하면서 그동안 미뤄왔던 공부를 새로 시작했다. 더러 고달팠지만 즐거운 여정이었다. 이윽고 목표한 과목들을 애면글면 이수하고 나서 깨달은 사실은 '나는 모르는 것이 너무나 많구나!'이었다. 그런데 소크라테스는 아예 '모른다'고 한다. 그저 반가울 뿐이다.

『소크라테스의 변명』은 모른다는 서두로 시작되는 변명이다. 기원전 399년, 아테네의 시인 멜라토스를 비롯한 장인이자 정치인 아뉘토스, 연설가 뤼콘 등이

"어떤 지혜로운 사람이 있는데, 천상의 것들에 대해 사색하는 사람인데다 지하의 온갖 것들을 탐색하기도 했으며, 더 약한 논변을 더 강한 논변으로 만드는 사람입니다."

라며 젊은이를 망치고 국가가 믿는 신을 믿지 않는다는 죄를 더해 소크라테스를 고발한다. 피소된 소크라테스는 세 번의 연설을 통해 그렇지 않음을 변명한다. 이때 재판정에 함께 있던 스물여덟 살의 젊은 제자 플라톤이 직접화법으로 이를 기록한 것이 인류 지성사에 길이 남을 항변의 철학인 『소크라테스의 변명』이다.

옮긴이 강철웅은 본문에 앞서 작품 안내를 통해 독자에게 읽기의 세 가지 관점을 제시한다. 당시 아테네 시민의 입장이거나 소크라테스의 입장, 아니면 지금 독자 자신의 입장 중에서 선택하라고.

재판은 근소한 차이로 유죄가 확정되었고, 소크라테스는 다른 책 『파이돈』에서 사약을 마신다. 아스클레피오스에게 닭 한 마리를 갚아 줄 것을 크리톤에게 부탁하고는 심장이 식는다.

결과는 그리되었지만, 애초 배심원들은 그를 사형시킬 생각은 없었다고 한다. 그러므로 어느 편에 서든 특별한 의미는 없다는 생각이다. 굳이 편을 가르자면 나는 두 번째 입장에 서겠다.

소크라테스의 삶과 철학을 한마디로 간략하게 말하라면 '모른다(ouk oida)'라고 대답해야 할 것 같다. 변명은 이렇게 시작된다. "아테네인 여러분, 나를 고발한 사람들로 인해 여러분이 무슨 일을 겪었는지는 난 알지 못합니다." 또 마지막에 가서는

"아니, 벌써 시간이 되었군요. 나는 죽으러, 여러분은 살러 갈 시간이. 우리 중 어느 쪽이 더 좋은 일을 향해 가고 있는지는 신 말고는 그 누구에게도 분명치 않습니다."라며 본인은 물론 아무도 모른다고 한다.

나는 한동안 칡과 등나무의 지주목으로 옥죔을 겪은 적이 있다. 나를 가운데 두고 한 사람은 오른쪽으로 감아 도는 칡만이 옳으니 왼쪽으로 감아 도는 등나무를 돌려놔야 한다고 채근했다. 또 한 사람은, 지주목은 왼쪽으로 감아 올라가는 것이 진리라며 뜻을 굽히지 않았다.

숲에 들면 숲을 볼 수 없다던가. 갈등의 중심에 선 나는 옳음과 그름을 가릴 수 없었다. 서로가 자신의 길만이 옳으며, 마치 모든 것을 다 알고 있는 양 확신과 독단에 함몰되어 상대의 말에 귀를 막았거늘 누가 옳고 누가 그르단 말인가. 서로에게 받은 상처로 무너지는 그들의 자존감을 보면서 함께 아플 뿐이었다.

목적지는 같은데 두 길의 각이 점점 벌어지자 주위에서도 걱정하고 더러 비난의 목소리도 내기도 했다. 나에게 사건의 전말을 물었다. 모른다고 했다. 그런 나에게 칡 편에 있는 사람은, 등나무 편을 드는 거냐며 섭섭하다고 했다. 등나무 편 역시 칡의 행위가 허위인 이유를 나열하며, 왜 등나무를 두둔해 주지 않느냐고 했다. 때로는 양편 모두 합세하여 나를 회색분자라고 몰아세우기도 했다.

칡이 지주목을 오른쪽으로 감아 도는 것이 잘못일까. 아니면 등나무가 왼쪽으로 감아 도는 것이 틀렸을까. 누가 더 제대로, 누가 더 잘, 누가 더 행복하게 살게 될 것인가. 소크라테스는, 제대로 알려면 우선 모른다는 입장에서 시작해야 한다고 한다. 우리는 아무것도 모르며 다만, 신만이 안다고 했다.

신은 무지의 지를 아는 소크라테스가 가장 지혜로운 자라고 했다. 그러자 소크라테스는 내로라는 정치가, 시인, 수공기술자 등을 찾아 나선다. 과연 그들은 훌륭했다. 그러나 결정적으로 자신만이 모든 것을 알고 있다는 무지의 늪에 빠져있었다. 모른다는 것을 모르고 있었다. 그런 점에서 무지의 지를 알고 있는 자신이 가장 지혜롭다는 신탁의 말이 옳았다는 논지를 설정한다.

칡과 등이 오른쪽으로 도는 것만이, 또는 왼쪽으로 도는 것만이 진리라고 우기지 말고 소크라테스 말대로 모른다는 것을 알았다면 어땠을까?

가까스로 중재가 되어 칡과 등의 갈등은 멈출 수 있었지만, 서로에게 받은 앙금이 사라지려면 얼마간의 시간이 더 흘러야 할 것이다. 그들도 진즉에 『소크라테스의 변명』을 읽었더라면, 무지의 지를 상기했더라면….

묵정밭으로 가는 길

묵정밭으로 향한다. 코로나19라는 전염병이 창궐하여, 한 달 남짓 갇히다시피 지내던 차에 용케 돌파구를 찾은 셈이다. 몇 번 다녀왔더니 이제는 집에 있어도 휘파람새 소리가 들리고 회양목 꽃술 더듬던 벌떼도 어른거린다.

은골이라는 지명답게 고즈넉이 숨어있는 밭이다. 한동안 묵혔다더니 밭이라고 하니 밭이지 산과 다를 바 없었다. 이랑인지 고랑인지 구분이 안 되고 잡초의 마른 줄기가 허리 높이로 빼곡했다. 예초기로 대충 날린 뒤 갈퀴로 그러모으니 또 다른 산이 생겨났다. 마른 잡초들을 걷어낸 자리에는 파릇파릇 새싹이 움트고, 그 사이로 칡넝쿨이 얼키설키 뻗어있었다. 넝쿨은 뻗어가면서 뿌리까지 내리고 제집인 양 터를 잡아서 걷어내는 것이 아니라 캐내다시피 하여 겨우 제거했다.

어제는 밭둑의 우부룩한 나무들 중에서 회양목을 전정했다. 회양목은 더디게 자라기에 목질이 단단하여 얼레빗이나 도장을 만들던 수종으로 안다. 그런데 가꿔주던 주인이 발길을 끊자 버려졌다고 오해했나. 비뚤어진 욕망은 과시욕구로 나타났다. 무질서하게 가지를 내뻗어 올리고 심지어 땅속으로 파고든 가지도 있었다.

우선 수형을 고민했다. 그런데 자세히 보니 초록 잎들 사이에 갈색 가지 몇 개가 삐죽삐죽 올라와 있었다. 얼굴을 바닥에 대고 살펴보니 아뿔싸, 영산홍과 회양목 두 그루가 한 그루처럼 뒤엉켜 자라고 있었다. 당초 심을 때 너무 배게 심었나 보다.

한 편의 수필이 하나의 주제로 통일되어야 하듯 하나만 선택해야 했다. 회양목으로 잎을 즐길 것인가, 영산홍으로 꽃을 볼 것인가. 고민은 쉽게 해결되지 않았다. 애초 회양목인 줄 알고 가꾸려 했는데…. 그렇다고 이미 꽃봉오리 봉긋하게 올린 영산홍을 삭제하려니 그 또한 아쉽고 서운한 일이었다.

숙고 끝에 전정가위를 놓고 삽을 들었다. 주위의 흙을 떠내고 엉켜 자란 뿌리들을 살폈다. 가지가 많은 회양목이 뿌리도 실했다. 회양목은 그대로 두기로 하고 영산홍은 가려 캐냈다. 캐낸 '미련'은 밭둑 옆 도랑에 임시로 묻었다. 나중에 마땅한 자리를 찾으면 이식할 셈이다.

회양목 뿌리를 흙으로 덮고 다시 수형을 고민했다. 뿌리 쪽부터 손질해갔다. 일관성 없이 거꾸로 자라는 하향지와 위를 향해 수직으로 뻗는 상향지를 잘라냈다. 그래도 땅가지들이 무성했다. '서두가 이리 장황해서야….' 원줄기에서 뻗어 나간 가지들만을 남기고 곁가지들은 뭉텅뭉텅 잘라냈다. 그리고는 곡선으로 3만큼 수형을 잡아가다가 직선으로 대충 가지를 쳤다. 절정은 4분의 3의 지점이라고 하지 않던가.

그쯤을 정점으로 1의 비율로 마무리할 셈으로 각도를 달리해 안으로 가지를 쳐 갔다. 그런데 단순하게 둥근 모양만으로 하자니 좀 밋밋하다는 생각이 들었다. 때로는 객관적 상황에 얽매이지 말고 자신이 해석한 상황에 반응해 볼 필요도 있지 않을까. 마침 꼬부라지고 튼실한 가지가 눈에 들어와 마저 자르려던 생각을 바꿔 남겨 두었다.

그리고는 한숨 돌릴 겸 물러나 앉았다. 거리를 두고 바라보니 산발한 듯 어수선하던 가지들이 말끔하게 정돈되어 제법 회양목다웠다.

휴식 후에는 잔가지를 살폈다. 죽은 가지부터 솎아냈다. 마른 그것들은 색이나 촉감으로 쉽게 구분이 되어 미련 없이 잘라낼 수 있었다. 그런데 바큇살처럼 뻗은 가지를 두고는 잠시 가위질을 멈췄다. 싱싱한 여러 가지 중에 어떤 것을 남겨야 모나지 않게 하나로 통합될지. 그대로 두면 군더더기가 되지만, 그렇다고 다 자르면 휑하니 싱거울 것 같아서 한 마디에 두 가지씩 남기기로 했다. 저마다 튼실한 여러 가지 중에 두

가지만 남기는 일은 가히 용기를 요하는 일이었다.

각기 다른 가지가 제멋대로 뻗어 서로 얽힌 부분도 정리했다. 전체를 보면 한 그루이지만 그래도 가지마다 나름의 모양은 명료하게 살린 뒤 전체와 어울리게 해야 좋지 않을까.

그러다보니 어느 새 산 그림자가 내려와 잊었던 시각을 일깨웠다. 잘라낸 가지들을 대충 갈퀴질하고 목장갑을 벗었다. 영산홍을 캐내어 온전한 한 그루의 회양목으로 통일성을 기하고, 일관성 있게 가지를 정돈하고 필요 없는 죽은 가지와 없어도 되는 자잘한 가지는 솎아내었다.

그런데 옆으로 꼬부라진 곁가지 하나를 남겨 완결성만은 갖추지 못했다. 앞으로 가지가 뻗어가는 모양에 따라 수형을 잡아갈 예정이다. 전문적인 지식이나 경험이 부족한, 내 나름의 가위질이지만 눈에 든 가지 하나를 남겨 두었더니 가슴에 희망의 리라꽃이 핀다.

그리하여 묵정밭으로 향하는 길은 멀어도 금세 온다. 어느새 저만치서 분 바른 앵두나무가 웃는다. 오도카니 밤을 지새웠을 회양목이 궁금하다.

백두산 풀꽃처럼

월요일 출근 풍경은 여느 때와 좀 다르다. 가다 보면 '장콜'이라는 노란색 택시를 하나둘 만나게 된다. 이윽고 다다르면 여기저기 노랑 일색이다.

건물에 들어서면 수문장 같은 의자가 떡하니 현관을 차지하고 발길을 잡는다. 오래전부터 그 자리에 있었는지 색이 바래고 모서리가 닳았다. 처음 갔을 때 그 의자 때문에 더 낯설었다. 현관을 아름답고 근사하게 꾸미기는 고사하고, 볼품없이 낡은 의자 하나를 덩그러니 내놓다니…. 의자를 피해 들어가다가 모서리에 무릎을 부딪쳤을 때는 거부감마저 일었다.

현관에서 몸을 돌려 5단 철제 신발장 앞으로 다가가면 무논의 올챙이 떼처럼 앞코를 가지런히 모은 까만 고무 슬리퍼들이 기다린다. 슬리퍼로 능숙하게 갈아 신고 내 구두를 실내화가 있던 자리에 올려놓으면 마치 올챙이 떼에 둘러싸인 개구리 같기도 하다. 온전히 두 발로 서서 높은 곳이나 낮은 곳의 실내화를 마음대로 갈아 신을 수 있다는 것이 얼마나 감사한 일인가 새삼 느낀다.

그곳을 찾는 사람 중에는 나처럼 수월하게 실내화를 갈아 신지 못하는 분이 많다. 한 손에 장애가 있는 사람은 일단 손가방을 아까 그 수문장 같은 의자에 맡겨야 한다. 목발을 짚고 온 사람에게도 의자는 꼭 필요하다. 의자에 한쪽 목발을 기대어 놓고 실내화를 내린다. 휠체어에 몸을 실은 사람은 일어서는 일조차 버겁기에 의자를 버팀목으로 해서 일어나 신발장까지 조심조심 가야 한다.

신발장을 지나 서너 발짝쯤 가면 계단이 있다. 바로 옆에 엘리베이터가 있지만 계단을 이용하여 2층으로 올라간다. 계단은 대리석도 입히지 않은 콘크리트 그대로에 마주 오는 사람을 겨우 피할 수 있을 정도로 폭마저 좁다. 아마도 장애인들이 이용하는 엘리베이터에 더 넓은 공간을 할애하다 보니 그렇게 설계가 된 듯하다.

나는 2층 그룹활동실에서 장애인들의 독서 돕는 일을 한다. 지난주에는 내가 책임져 편집한 『충남문학』을 준비했다. 반신불수의 반장에게 167쪽부터 소리 내어 읽어 달라 했더니 앉은 채로 읽겠다고 양해를 구하고는 온전한 발음으로 작가의 사상을 또박또박 전해주었다. 덕분에 우리는 귀와 눈을 통해 수필 「백두산 꽃은 돌만큼 자란다」에 빠져 들을 수 있었다.

작가 윤병화는 가쁜 숨을 참으며 백두산에 오른다. 해발 2천 미터를 지나 수목한계선 근처에 이르러서야 잠시 멈추어 호흡을 가다듬는다. 그때 발밑에서 자신을 빤히 올려다보는 키 작은 풀꽃과 눈이 마주친다. 5센티미터 돌 뒤에서 4센티미터가 조금 넘을 키로 피어난 꽃, 주위를 둘러보니 돌마다 그런 꽃이다. 아무리 키 큰 수종이라도 돌보다 키를 높이지 않았다는 현상에 주목한다. 태풍과도 같은 엄청난 바람을 피해 돌덩이의 키에 자신의 키를 맞춘 꽃나무들을 적소의 원리로 해석해낸다.

작품을 읽는 동안 반장의 목소리는 두어 번 떨리고 듣는 사람들은 그때마다 고개를 끄덕였다. 자신이 처한 환경에 적응해 키를 스스로 조절해 나가는 풀꽃에 동감하는 듯했다.

2교시는 독후활동이었다. 나는 백지를 나누어 주고는 느낀 대로 표현하자고 말한 뒤 복도에 나가 기다렸다.

"꽃은 자근 돌멩이라도 있어 좋겠다…."

"욕심을 버려야겠다. 어차피 욕심대로 살 수 없는 거 알았으니까…."

"목전에서 남편을 하늘에 빼앗기고 나서는 끝없는 나락으로 추락하는 자신이 싫어 스스로 버리려 했었는데…, 돌의 크기에 자신의 키를 맞추는 키 작은 꽃 앞에 부끄럽다…."

삐뚤빼뚤 또는 반듯반듯한 글씨들을 마음의 눈으로 읽자니 하나같이 키 작은 풀꽃으로 보였다. 소아마비 청년의 쾌속으로 질주하는 자기부상열차 그림도 백두산 풀꽃 씨로 보였다.

그렇게 두 시간이 지나면 3층 구내식당으로 올라간다. 두 바퀴로, 세 다리로 월요일마다 어김없이 찾아오는 그들과 그냥 헤어지기 섭섭해서 그런다.

그때는 나도 엘리베이터를 이용한다. 금방 "띵 똥!"하고 3층에 멈추면 먼저 내려 엘리베이터 열림 버튼을 누른 채 일행이 다 내리기를 기다린다. 한참 만에 다 내리면 나는 종종걸음으로 맞은편 구내식당을 향한다. 식당 문을 열어 아래쪽에 붙어 있는 출입문 고정장치를 발로 톡 쳐 문이 닫히지 않도록 고정해 놓은 뒤 들어간다.

그때쯤이면 구수한 음식 냄새가 훅 달려든다. 입안에 고이는 침은 소리 나지 않게 삼키고 식판 두 개를 집어들어 수저통을 지나 음식 앞으로 간다. 수저는 장애 정도가 심하지 않은 다른 사람이 와서 날라 줄 것이다. 그렇게 2인분씩 몇 번 나르다 보면 사람들이 자리를 잡는다. 장애가 심하지 않은 사람들은 스스로 음식을 나를 수 있으므로 그쯤에서 식사를 시작할 수 있다.

편식하는 이들에게는 이거 맛있다, 저것도 몸에 좋은 거다, 잔소리해댄다. 씹는 기능에 문제가 있어 고기를 못 먹는 ㅂ양에게도, 가위를 얻어다 생선이나 닭볶음탕 살코기를 발라 잘게 잘라서 종이컵에 담아 주며 다 먹어야 한다고 역시 잔소리

한다. 그런 내가 싫지만은 않은지 ㅇ 군은 "네."하고, ㅂ 양은 온몸을 비틀어 웃는다.

ㅂ 양은 뇌성마비로 말이 늦고 발음이 어눌하여 의사소통이 어려운 노처녀이다. 몸조차 제멋대로 뒤틀려서 보행도 자유롭지 못하다. 체격도 초등학생처럼 작다. 그런 사람이 식사 때마다 편식이 심하고 특히 고기는 거들떠보지도 않았다.

"고기를 드셔야 건강해지지요!"

하고 참견한 적이 있다. 그랬더니 그는

"이…가 안 맞아서 씨…불 수가 있어야지요. 씹기도 전에, 맛…있으닝까… 꼴딱 넘어가 버리니까… 고…기만 먹으믄 배가 아…프더라고요!"

라고 말해 당황했었다.

살아가는 나날이 모진 바람과 마주하는 일이리라. 그런 가운데 진리를 꿰뚫는 마음의 시력을 기르기 위해, 그리하여 자아가 휩쓸리지 않고 바로 서게 하려고 우리는 월요일마다 뭉친다.

그들에게 책을 통해 감동과 위안과 교훈을 주려는 나와, 나에게 행동으로 사고의 깊이와 넓이를 더해 주는 그들이 이루는 공간은 늘 긍지가 넘친다. 글 첫머리에 내 일터를 '소중한'이라는 말로 꾸며 친 것은 그런 이유에서이다. 분에 넘치는 강의료는 그다음이다.

내일은 그들을 만나러 그곳에 가는 날이다. 현관의 커다란 의자가 어서 오라고 손짓하는 것만 같아 서둘러 교재를 준비한다. 구내식당 메뉴는 무엇일까. 풀꽃인 듯 돌인 듯 붙어 앉아 오순도순 식사할 생각을 하니 입꼬리가 슬그머니 올라가고 입 안에는 침이 고인다.

사랑의 패러독스

사흘째 올레길을 걷고 있었다. 아침나절 상쾌하던 바닷바람은 한낮 뜨거운 열기에 자취를 감췄다. 정수리에 쏟아 붓는 태양의 열기에 발걸음이 무겁고 정신마저 몽롱해졌다.

바윗돌을 끌고 가듯 해서 바닷가 작은 마을에 닿았다. 땡볕을 피해 길갓집 처마 밑으로 들어섰다. 주위를 둘러보니 언덕을 따라 낡은 어가 몇 채가 게딱지처럼 엎어져 있고 바닷가엔 빈 배 서넛이 밧줄에 묶여 졸고 있을 뿐, 열기를 식힐 만한 곳이 마땅찮았다.

"여기 가만히 계세요!"

딸아이가 쉴만한 곳을 찾아보겠다며 배낭을 벗어주었다. 뙤약볕에 벌겋게 달아오른 얼굴이었다. 날도 뜨거운데 돌아다니지 말고 전화로 알아보자고 엄지와 새끼손가락을 귀에 대 보였지만 쌩긋 웃고는 어느새 언덕 너머로 달음질쳤다. 마음은 따라가지만 몸은 떼를 쓰며 그대로 풀썩 주저앉았다.

간간이 바닷바람이 불어왔지만, 땡볕 속에서 헤매고 있을 딸에 대한 걱정에 시장기까지 겹쳐 점점 더 까라졌다. 딸이 사라져간 언덕은 인기척이라고는 찾아볼 수 없이 적막하기만 했다.

그만 돌아오라고 전화를 걸었다. 그러나 번번이 발신음만 들릴 뿐, 응답 없이 끊겼다. 문자메시지를 보내도 마찬가지였다.

기다림으로 애가 타는데 한 패의 외국인 청년들이 다가와서는 딸아이가 사라진 언덕으로 몰려갔다. 애가 타는 기다림은 화로 이어졌다. 모락모락 타오르는 울화의 연기 속에서 시시덕거리던 검은 얼굴들이 반바지 차림의 딸과 섞여 어른거렸다.

이윽고 전화가 이어졌다. 나도 모르게 소리를 버럭 질렀다. 헐레벌떡 달려오느라 땀범벅이었다. 쉴 만한 곳이 있더냐고 묻기 전에 외국사람들 못 봤냐는 말이 먼저 튀어나왔다. 뭇 봤는데 왜 그러시냐고 되묻다가 굳은 내 표정에 머뭇머뭇 말을 삼켰다.

모퉁이를 돌아 걷다 보니 지도에서 본대로 폭포가 나타났다. 우렁찬 폭포에다 삭이지 못한 화를 쏟아 부었다. 얼마나 걱정했는지 아냐고, 전화는 왜 안 받았냐고! 물줄기는 나를 대신해서 소리를 질러댔다.

길은 폭포를 에돌아서 이어졌다. 한참 돌아 오르니 우렁차고 거대하던 폭포는 저 아래에서 하얀 종잇조각처럼 절벽에서 나풀거리고 소리는 점점 멀어졌다. 숲에 들어서자 징검다리가 나타났다. 고여 있는 것처럼 잔잔한 옥수가 징검다리 사이를 빠져나가고 있었다. 해변의 뙤약볕은 어디로 갔는지 흔적 없고, 나뭇잎 사이로 언뜻언뜻 비치는 햇살은 골짜기를 쓸어오는 바람과 섞여서 한기까지 안겨 주었다. 이름 모를 하얀 들꽃이 물길을 따라 무리지어 피어있고 그 사이를 잠자리 몇 마리가 유유히 날고 있었다.

평지를 흐르는 물은 소리가 없다. 물의 본래 모습이다. 고요하고, 모든 걸 품어 안고, 낮은 데로 흐르고, 하나로 뭉치고, 바위가 그 길을 막아서면 저항 없이 돌아가는 것이 물의 본성이다. 징검다리에 올라서니 내 마음도 차분히 가라앉았다.

지친 어미를 위해 뙤약볕 속을 헤매며 쉴 곳을 찾았는데 어미는 홀로 언덕을 넘어간 딸이 걱정 되어 앉아있어도 바늘방석이었다. 몸이 지친 상태에서 마음을 불안하게 한 것에 대해 반감마저 생겼다. 성냄은 탐욕의 부하로서 가장 천박한 불선심이고, 하물며 깨달음과 열반으로 가는 길을 막는 삼독 중의 하나라고 했는데….

다시 폭포를 지나 아래로 난 길로 걸었다. 하얗게 부서져 내리던 폭포수는 다시 하나로 합쳐 고요히 흘러가고 있었다. 마침 그늘에 나무의자가 있어 잠시 쉬어 가기로 했다. 그때

'띠리링 띠리링'하고 딸의 스마트폰이 연이어 울어댔다.

"문자 보내셨던가 봐요? 아니, 웬 전화를 이렇게 여러 번 하셨대유?"

화면을 들여다보는 그녀의 말이다. 원인은 스마트폰에 있었다. 구석구석 초행길을 잘도 찾아 주던 새로 산 전화기가 오지에서 전파를 받지 못하다가 그제야 수신되는 모양이었다.

화면 가득 뜬 '엄마'라는 글자를 보다가 마주 보고는 피식 웃었다. 무슨 말이 더 필요하랴. 폭포수도 소리를 재우고 고요했다. 그것이 본래의 물이다. 좀 전에 화를 냈던 내 모습도 본질이 아니고 피상이라고 이해해 주었으면 하는 바람으로 이번에는 내가 딸의 눈치를 살폈다. 내게서 건너간 물거품은 말끔히 걷히고 시선이 물웅덩이에 잠겨 있다. 안심이다. 화장실에 다녀와서 가방을 메고 나서니 짐도 몸도 가벼워졌다. 그런데 저 가방은? 앞서 가는 딸아이의 배낭이 배가 불룩해지지 않았는가?

육천 원짜리 행복

성순회라는 단체가 있다. 이름은 그리 지었지만, 단체라고 하기도 좀 뭐하다. 표준국어대사전에서 단체라는 낱말을 찾아보니 같은 목적을 달성하기 위하여 모인 사람들의 일정한 조직체라고 뜻풀이되어 있다. 성순회는 같은 목적이 없다. 누군가가 보자고 하면 성환 장날에 맞춰 교통 좋은 교보빌딩 앞으로 그냥 모인다.

회비도 없다. 그날그날의 경비는 그때그때 갹출한다. 그러나 그것도 일정하지 않다. 회의(?) 중에 볼일 보러 가는 척 슬그머니 일어나서는 음식 값을 치르는 사람이 있다. 어떤 사람은 회의장에 들어서기가 무섭게 주인댁 앞치마 주머니에 고액권 두어 장을 찔러넣고는 나갈 때 거스름돈을 받는다. 그보다 더한 사람은 하루 전에 들러서 음식값을 넉넉히 치러 둔다.

조직도 일정하지 않다. 멀리서 손자가 왔다며 불참하는 사람이 있는가 하면 때에 따라 좋은 사람이라며 누구 하나와 동행하여 나오기도 한다.

빌딩 앞에 일단 모여서는 사십 리 밖 성환장으로 간다. 몇 해 전에 나랏돈으로 장 가운데 배나무 조형물도 세우고 장옥 곳곳에 유리공예품도 설치하고 이화시장이라고 이름도 새로 지었지만 우리에겐 여전히 성환장이다. 우리 임의단체의 명칭이 성환 순댓국밥집에서 갖는 모임, '성순회'이니까.

성환장의 시작은 백여 년 전이었다. 성환은 교통의 핵심인 성환 도찰방이 있었고 이후에도 국도와 철도가 지나가는 요충지로 유동인구가 많았다. 이들을 상대로 동네 아낙들이 손수 빚은 떡이나 솜씨 낸 옷가지, 또는 농사지은 푸성귀 등을 길가에 내다 팔기 시작했으며 언제부터인가 인근 도축장에서 나오는 부산물을 이용한 국밥까지 등장하기 시작했다. 성환 국밥은 이제 성환장의 대표 음식이 되어 우리뿐 아니라 전국의 식도락가들을 불러들인다.

국밥집은 일곱이다. 우리는 그중에 아무 집이나 들어간다. 쌍과붓집으로 가고 어느 날은 텔레비전에 소개되었던 집으로 간다.

그중에 두 번째 집 사장을 인터뷰한 적이 있다. 그의 어머니는 57년 전부터 성환장에서 멍석을 깔고 초롱불 아래서 순대국밥을 끓였다. 그때 어린 사장은 굴우물에서 물을 길어 날랐다.

열 살 무렵의 어둡고 춥던 새벽, 두레박줄조차 꽁꽁 얼어붙었던 그 날을 기억해내더니, 실은 순대국밥을 피해 도망하다시피 서울로 떠난 적도 있다고 했다. 뭘 해도 순대국밥 장사보다는 쉬울 것 같아서 이것저것 해 보았지만, 결국 성환장으로 돌아왔다.

변변한 상호도 없다. 두 번째 천막이기에 '두 번째 집'이라고 한다. 그마저 손님들이 붙여 준 이름이다. 그러나 국밥만은 아무렇게나 만들지 않는다. 남들은, 한 달에 열두 번, 장날과 장 전날만 장사하니 좋겠다고 한다. 그러나 그렇지 않다. 성환 순대는 제조법부터 남다르다. 보통은 순대를 받아다 쓰지만, 성환장 국밥집들은 집집이 고유의 비법으로 손수 만든다. 인근 도축장에서 순대창을 받아다 제대로 손질하고 그때그때 제철 채소를 가려 소를 만든다. 주재료는 정성이다. 순대창에 소를 넣을 때도 기계를 이용하여 후루룩 채우지 않는다. 두 손의 감으로 순대 속을 알맞게 채운다. 바로 정성을 넣는 것이다. 그러자니 공정이 더디고 손이 많이 간다.

국밥의 매력은 뭐니 뭐니 해도 구수하고 개운한 국물 맛에 있다. 느끼하지 않고 산뜻한 맛을 내기 위해 사골과 고기만을 오래 고은 꽃물에 순대를 삶아 건져낸다.

반찬은 김치, 깍두기와 양념한 새우젓이 전부다. 국밥의 간이 슴슴한 이유는 이 김치 깍두기에 있다. 국밥을 한 수저 떠서 그 위에 잘 익은 깍두기 한 조각을 올리면 구수한 순대와 상큼

한 깍두기 어우러져 저작 운동에 속도가 붙는다.

우리 말고도 수십 년째 찾는 단골들이 많다. 어떤 사람은 해외에 나갔다가 공항에서 성환 순대 국밥집으로 직행하는 사람도 있다. 지금은 돌아가셨지만, 어느 영화감독은 우연히 한 번 들렀다가 그 맛을 잊지 못해 동료, 배우 등과 한 달에 두세 번씩은 꼭 다녀가곤 했단다. 명절이면 유독 손님이 많다. 진수성찬을 집에 두고도 육천 원짜리 국밥집을 찾는 심리가 무엇일까.

두 번째 집 사장은 국밥을 맛있게 먹어주는 손님이 있어 행복하다. 한여름 천막 아래서 더운 줄도 모르고 한 뚝배기 해치우고는 수저로 바닥을 긁는 사람들이 좋다. 찬바람에 펄럭이는 천막 안에서 연탄난로 온기로 추위를 달래며 국밥을 기다리는 손님들, 그런 사람들이 있기에 힘이 난다. 그들이 돈보다 좋다. 가족 같이 느껴진다. 가족 같은 손님들이 있기에 힘들어도 이 일을 한다. 조리과정 무엇 하나 소홀히 할 수가 없다.

때로는 생떼를 부리는 손님도 있다. 어쩌다 머릿고기에서 나온 뼛조각을 이물질이라 험담 해댄다. 힘없이 허청허청 살아가는 서민들은 그렇게 국밥에 대고 화를 푸는가 보다. 문턱도 없기에 주머니에 만 원 한 장만 있어도 호기롭게 들어설 수 있는 천막집, 국밥 한 그릇에 막걸리라도 한잔 곁들이다 보면 무의식 안에 쟁여 있던 울분이 그렇게 불쑥 튀어나오나 보다. 허기진 욕구를 육천 원으로 달래는 그들을 위해 국밥집

사장은 날마다 무를 썰고 푸성귀를 다듬고 순대창을 손질한다.

삼촌 참외도 크고 달고 싸야 산다는 말이 있다. 뚝배기 그들먹한 국밥 한 그릇에 단돈 육천 원, 우리 몸에 꼭 필요한 다섯 가지 기초식품군이 골고루 포함되었고, 해외에서도 그 맛에 이끌려 공항에서 바로 달려올 정도로 맛난 성환 국밥. 성환장에서는 일곱 집 모두 육천 원을 받는다. "조금 덜 쓰면 되지유, 뭐." 하는 사장의 웃는 얼굴로 보아 당분간 순대 국밥 값은 인상되지 않을 것 같다.

우리 성순회도 성환 국밥과 더불어 향기 그윽한 이야기꽃을 언제까지나 피우며 이어가길 바란다. 세월이 흐르다 보니 회원들의 기동력이 아무래도 예전만 못 하다. 주동력이던 내 7인승 무쏘는 아예 폐차장으로 가고 없다. 오늘처럼 비가 촐촐 내리는 밤이면 성환 순댓국밥집에서 조곤조곤 이야기꽃을 피워내던, 이제는 뜸해진 성순회 회원들 생각이 간절하다.

종이 거울에 비추다

낙숫물이 자리 바꿔 떨어지던가. 젊음을 다 바친 일터를 폐원하며 이제부터는 학생들과 담쌓자고 했었는데, 구매한 책이 『훌륭한 교사는 무엇이 다른가』였다.

알록달록 의자 그림에 반짝반짝 에폭시 글씨의 표지도 눈길을 끌었다. 책날개에서 지은이 토드 휘태케의 약력을 훑었다. 베스트셀러작가란다. 나도 학창시절에 꿈꿨었다. 수학교사란다. 나도 수학을 가르쳤었다. 두 이력만으로도 나는 금방 작가와 일정부분 일체화될 수 있었다.

대뜸 훌륭한 교사가 훌륭한 학교를 만든다고 한다. 학교의 질을 결정하는 것은 시설도 프로그램도 아닌 사람이란다. "교사가 희망을 갖는 것은 학생을 위한, 그리고 교사 자신을 위한 훌륭한 투자이다."라는 경구 같은 38쪽의 문장을 음미하느라 책장을 한참이나 넘기지 못했다.

나는 학교 교사가 아니라 학원 강사였다. 둘은 패다고지와 앤드라고지로 구분되지만, 학생을 가르친다는 점에서는 다르지 않다. 그러므로 나를 교사에 대입해서 읽었다.

저자는 교사의 등급을 셋으로 구분 짓는다. 아니, 줄을 세운다. 최고의 교사는 희망에 초점을 맞추고, 보통의 교사는 규칙, 무능한 교사는 규칙을 어긴 벌칙에 집착한다고.

어느 교실에서의 일화를 소개한다. 학생들이 차분하게 과제에 집중하고 있을 때 스피커를 통해 교장의 목소리가 흘러나왔다.

"학생들은 지금부터 딱밤 때리기를 멈추세요. 다른 학생을 때리는 학생이 아주 많아요. (중략) 학교에서는 딱밤 장난이 더 이상 없기를 바랍니다. 이 행동을 하다 걸린 학생은 누구든 학생부로 불려올 것입니다."

그 순간 교사가 교실을 둘러보니, 과제에 집중하고 있는 학생은 이미 단 한 명도 없었다. 학생들은 자기 이마에 혹은 짝의 이마에 딱밤을 놓고 있었다. 지도하던 교사도 어떤 느낌인지 알아보려고 딱밤을 놓을 준비를 하고 있었다는 이야기다.

바로 내 이야기를 하는 것 같았다. 일화는 거기서 끝났지만, 기억이 사건을 이어갔다. 나는 목소리를 높이고, 그래도 장난을 멈추지 않는 아이를 불러낸다. 학습 분위기는 이미 망가지고 그날의 진도는 미완인 채 우거지상이 된 아이들을 돌려보낸다.

그다음 날에는 아이들의 반격이 이어졌지. 그 일을 생각하면 나는 지금도 아릿한 자괴심을 달랠 수가 없다. 전날의 미진함을 만회하려고 쪽지시험을 치고 있었다. 그런데 옆 사무실에서 계속 전화벨이 울리다가 끊기고 다시 울리기를 반복됐다. 고집 세게 울리기에 학생들에게 양해를 구하고 전화를 받으러 나갔다. 다행히 별 내용 아니기에 서둘러 강의실에 돌아오니 아이들은 벌써 책가방을 꾸리고 있었다.

“끝났어요. 시계 봐요!”

학생들이 일어서서 손가락으로 가리키는 시계를 보니 끝날 시각에서 3분이나 초과한 상태였다. 학습 진도에 차질이 있었지만, 다음 시간에 들어올 학생들 때문에 연장 수업을 할 수도 없으니 어쩔 수 없이 수업을 마쳤다.

절대 세력의 표상인 시곗바늘을 아이들이 함부로 돌려놓았다는 것을 알아차린 것은 그들이 돌아가고 난 뒤였다. 다음 수업을 받을 학생들이 밖에서 빈둥거리며 들어오지 않기에

“너희 왜 안 들어와, 수업시간이 다 되었는데?”

내 딴에는 제법 호통치듯 큰 소리로 말했을 것이다. 그런데 학생들이 꺼내 보인 휴대전화의 시각은 강의실 시계와 10여 분이나 차이가 났다. 그제야 귀갓길 어디선가 쾌재를 울리고 있을 악동들이 떠올랐다.

저자는 등급 낮은 강사였던 나에게 오답 풀이를 하듯 훌륭

한 교사의 특징 열일곱 가지를 나열해갔다. "배려는 문제아도 시를 쓰게 한다."는 문장을 여러 번 음미하며 만점만을 추구하던 지난 20여 년을 회고해야 했다.

내가 새로이 부끄러웠던 일은 학생과의 논쟁에 관한 부분을 읽을 때였다. 교사는 학생과 논쟁을 시작하는 바로 그 순간 지는 것이란다. 실제로 나는 학생과의 논쟁에서 참패한 경험이 있다. 그토록 순하던 녀석의 상기되던 얼굴.

답은 바로 '여러 학생 앞에서'에 있다고 한다. 학생들은 친구들이 지켜보는 앞에서 결코 굴복할 수 없단다. 그럴 수 있을 것 같다. 이겨야만 하니까 무슨 말인들 못 할까. 칭찬은 여러 사람 앞에서 하더라도 지적은 따로 불러서 하자고 다짐해 왔으면서도 그날은 왜 그랬는지.

1등이라는 유일한 깃발을 꽂아놓고 경쟁으로 몰아칠 때 일그러지던 학생들의 얼굴, 그들에게 깃발이 희망이었을까. 20세기 지성사를 빛낸 버트란트 러셀은 경쟁심에서 수많은 불행이 야기된다고 했다. 깃발은 각자 설계하고 스스로 설치하도록 했어야 옳다. 억지로 교재를 펴는 그들이 안쓰러워 트렁크에 솥단지를 싣고 다니며 떡볶이를 함께 조리하던 일은 그나마 좀 편하게 기억되었다.

책을 읽으며 나를 돌아보고 재정립할 수 있었다. 유리로 된 거울로는 내 겉모습만 볼 수 있지만, 종이로 된 거울로는 내면을 비춰 볼 수 있다. 담쌓자던 학생들이 보고 싶어질 정도로 말이다.

이윽고 마지막 장을 덮었다. 허물을 들춰야 하는 아픔도 있었지만, 가치 있는 고통이었다. 다시 학생들을 마주할 기회가 주어진다면 느끼고 깨우친 대로 희망을 우선하여 전하고 싶다. 그러면 비로소 이번 독서의 진정한 마무리가 될 텐데….

짱껨뽀

"ㅋㅋ.. 여행이란 게
가기 전엔 설렘
가서는 끌림
다녀와서는 공감-기억의 공유
그래서 자꾸.. 중독성이 있죠."
"아홉 밤 자고, 하루 날밤 새우면 가네유. ^^"

열여덟 명의 문학기행단이 조직되고 단톡방이 개설되자 설렘과 기대감으로 하루하루 열기를 더해갔다. 일정이 공지되고 일러 준대로 가방을 꾸릴 때는 젖은 나무토막 같던 내 감성에서도 불씨가 살아났다. 그럴수록 시간은 딴전을 피웠다.

이윽고 11월 3일, 도요토미 히데요시와 아베의 나라 일본에

도착했다. 지난 9월 뉴욕에서 열린 한 · 미 · 일 정상 오찬 때 대통령이 “일본은 우리의 동맹이 아니다”라고 입장을 밝힌 바 있듯이 일본이라는 나라는 우리에게 편할 수만은 없는 나라이다. 간사이공항에 대기하고 있던 버스에 오르자 한국인 가이드마저 이런저런 잔소리를 늘어놓더니 심지어 자신의 호칭까지 정해주고는 반복 각인시키며 심기를 불편하게 했다. ‘일제강점기로 되돌아왔나?’ 파편화된 ‘나’가 내면에서 갈등했다.

갈등을 잠재운 건 일본인 운전기사였다. 고령사회를 입증이라도 하듯 지긋한 나이였는데, 흐트러짐 없는 표정으로 우리 한 사람 한 사람에게 깍듯이 예를 갖추었다. 의자 등받이의 그물주머니에는 쓰레기를 담을 수 있는 비닐 주머니가 자로 잰 듯 반듯하게 비치되어 있었다. 앞뒤 옆을 둘러봐도 하나같이 그랬다.

일본 관광지 곳곳에는 신사가 많다. 신사는 그들 고유의 민간 종교 시설이지만, 야스쿠니 신사의 이미지만이 각인되어 있던 내 의식은 아름다움 앞에 다시 혼란스러워야 했다. 수많은 관광객이 몰렸으나, 중앙선이라도 그어놓은 듯 좌우로 나뉘어 물 흐르듯 이동하는 풍경도 놀라웠다.

음식점에서도 차이를 실감했다. 어느 한 곳 흐트러짐 없이 정돈되어 있었고, 종사자들이 능숙하고 친절하게 손님을 대하고 있었다. 우리가 이용한 여행 상품이 그리 고급이 아니었는데도 음식 재료의 신선도는 사돈댁과 상견례할 때 고급 호텔에서 먹었던 음식을 생각나게 했다. 네 것 내 것을 구분하여 단무지 몇 조각이나 생선 한 토막도 각자의 몫으로 나누어 주고 물 한 잔조차도 값을 받는 것 또한 이색적이었다.

첫날, 세계 최대 목조건물이라는 동대사, 피해 다녀야 할 정도로 많은 사슴이 노니는 사슴 공원, 도요토미 히데요시의 오사카성, 활기 넘치는 신사이바시, 커다란 게 모형이 고층 건물 군데군데 매달려 굼틀거리는 도톤보리 등 일정표대로 여행을 마치고 사카이의 다이와로이넷사키이 호텔에 들었다. 그리 넓지 않은 방이었으나 요소요소에 필요한 시설이 갖추어져 어디 하나 불편한 곳이 없었다. 바지 구김 제거기, 220V용 콘센트, 화장용 전등과 거울, 편리한 욕실…. 여행을 쉼이라 가치 정의한다면 그곳 호텔은 내 집처럼 편한 만 점짜리 쉼터였다.

이튿날 한국의 경주에 비유되는 교토로 이동하였다. 아득히 높은 기요미즈데라 툇마루에서 내려다본 원시림은 절로 탄성을 자아내게 했다. 비밀을 발설하지 않기 위해 자신의 혀를 자른 대가로 받았다는 아담한 찻집에 들러 잠시 떨었다. 현재의 주인은 4대 후손이라 한다. 오래된 가게로는 360년 된 작은 고춧가루 가게도 있다. 그동안 딱 2년만 가게 문을 닫았는데, 원인은 전국의 고추 농사가 흉작이라 좋은 고춧가루를 공급할 수 없었기 때문이었단다. 그 외에도 천 년을 이어오는 자그마한 가게가 여럿 있고, 백 년 이상 된 가게는 셀 수도 없이 많다니 고개를 갸웃거리게 했다.

이어 활기 넘치는 닌넨자카 먹거릿길, 어마어마한 대나무 숲길, 소원을 들어준다는 노노미아 신사, 밤이면 달이 건넌다는 도월교 등의 순서로 관광을 마감했다.

저녁을 먹고 나서는 문학기행으로서의 일정을 소화한 뒤 근처 주점으로 향했다. 천안문학 후원회장님이 마련하신 자리였다.

꽤 큰 실내에는 각국 남녀로 꽉 차 있었다. 한쪽 세 테이블을 가까스로 차지했다. 자리에 앉자 후원회장님은 "불취불귀不醉不歸"를 선언하셨다. 분위기가 무르익을 무렵, 까만 제복을 입은 종업원이 나타나더니 노랗고 커다란 나팔을 입에 대고는 주객을 향해 외쳐댔다. 우리는 손짓에 발짓까지 동원하여, 각 테이블에서 대표 한 명씩 내보내라는 말이라는 걸 알아냈다. 이구동성으로 후원회장님의 등을 떠밀었다.

짱껨뽀 놀이를 하려는 것이었다. 옛날, 중국에서 흔히 하던 술자리 놀이였다는데 일본에서는 지금도 그러는 모양이었다. 짱껨뽀라는 말도 본래 중국 말 '란쩡펑'에서 나온 것으로 발음이 와전되어 '짱껨뽀'가 된 것이다. 우리에게는 '가위바위보'로 전해졌지만 어린 나는 '짱께이뽀'로 알고 즐겼었다. 한겨울 주머니에서 손을 빼기 싫을 때도 팔짝 뛰어 두 발을 모으거나 앞뒤 또는 좌우로 벌리며 '짱께이뽀'를 외쳤을 정도로 친숙한 놀이였다.

짱껨뽀 놀이를 한다는 말에 어린이 마음이 되어 솔깃해졌다. 우리의 대표도 그랬는지 순진한 미소를 지으며 떠밀려 나가셨다.

각 테이블에서 나온 대표들은 주먹을 높이 들고 진행자의 짱껨뽀 소리에 맞춰 가위나 보나 주먹을 내면 된다. 넓은 장내가 떠나갈 듯한 "짱껨뽀!"에 이어 환호와 아쉬움의 탄성이 엇갈렸다. 진 팀은 들어가고 우리의 대표와 몇몇은 남아서 다시 주먹을 높이 쳐들었다. 두 번째 짱껨뽀가 끝나자 더 큰 희비의 탄성이 실내를 흔들었다. 횟수를 거듭할수록 우리의 대표는 더 힘껏 주먹을 올렸다. 우리도 더 크게 구호를 외쳤다. 이윽고 결승전이 되었다. 대표님은 우리를 향해 눈을 찡긋하여 필승의 메시지를 보내고는 참으로 크고 튼실한 주먹을 높이 들어 올리셨다. 장내는 일시에 찬물을 끼얹은 듯 조용해졌다. 짱껨보! 어둑한 실내였기에 대표가 가위를 내셨는지 바위를 내셨는지 아니면 보를 내셨는지는 모른다. 그러나 역동적인 몸짓에서 우승했다는 것만은 대번에 알 수 있었다. 우리 테이블에서 환호성이 터졌다. 좋았다. 그렇게 크게 웃어 본 게 언제였던가. 갑자기 술맛이 당겼다. 우승의 상품은 술값 반액 할인이었다. 기분 좋은데 술값까지 깎아준다니…. 덕분에 맘껏 '불취불귀'의 명을 이행할 수 있었다.

얼마간의 유쾌한 시간을 더 보내고 자리에서 일어났다. 완벽한 여행을 결정짓는 두 가지 요인이 날씨와 동행인이라던가. 시월 열이레 둥근 달의 안내를 받으며 오래 친분을 쌓아온 사람들과 삼삼오오 숙소로 돌아가는 이국에서의 늦가을 밤길은 참으로 흐뭇한 여정이었다.

셋째 날, 바다 위의 인공섬인 간사이공항을 이륙하여 귀항길에 올랐다. 고도 1,000m에서 시속 800km로 멀어지는 2박 3일의 여정을 되짚어 보았다.

이상하다. 불편한 곳 하나 없었는데 그들의 문화가 편치 않게 다가온 이유는 무엇이었을까. 포스트 마르크스주의자들은 사회문화적인 집단 간의 차이를 도외시하거나 강제적으로 말살하고 보편성만을 강조하는 것에 대해 일갈한다. 중립적인 규범에서 벗어나 있는 집단을 깎아내리고 열등하게 가치 지우게 되므로 문화적 제국주의를 영속하게 되는 문제를 낳는다고. 일찍이 일제강점기 민족말살정책을 통해 동일성의 강요가 주는 폐해에 대해 절실하게 체험한 우리이다. 그런데도, 평화의 소녀상 앞을 지나다녀야 하는 현실이기에 아직은 그들을 대척점에 두고 색안경을 끼게 된다.

짱껨뽀, 가위는 보, 곧 보자기를 찢을 수 있기 때문에 '보'에 이기나, '바위'보다는 약하므로 '바위'에 진다. 그런가 하면 '바위'는 '보'로 싸 담을 수 있으므로 '보'에 지는 것으로 여긴다. 이어령은 『이어령의 가위바위보 문명론』에서 서로서로 이김으로써 순환의 고리를 만드는 가위바위보를 21세기에 추구해야 할 상생, 순환의 논리와 비유하기도 했다.

본받아 마땅한 선진문화에까지 일제강점의 프리즘을 들이

대었던 편협한 내 의식이 민망하다. 이번 기행은 즐거움 외에 다름을 받아들이고 상생의 길을 고민하게 하는 성찰의 기회도 주었다. 풀이 과정을 쓸 수 없는, 그러나 답이 분명한 짱껨뽀 놀이는 오래 기억되어 경직된 발상을 때때로 전환하게 할 것 같다.

창문을 열며

앞 동 너머에서 어른거린다. 동전의 양면처럼 언제나 우리 가까이 있다던 죽음이 과연 바짝 다가와 있다.

코로나19라는 우한발 신종 바이러스가 중국인 여성 숙주를 타고 인천공항을 통과한 지 한 달 남짓 되었다. 이후 일상이 빠르게 변하고 있다. 맨눈에는 보이지도 않는 미물의 공격에 만물의 영장이 허둥댄다. 영장들이 건설한 화려한 거리는 이미 죽은 듯 적막하기만 하다. 겁 많은 나도 현관문 밖으로 못 나간 지 여러 날 되었다. 공장에서 거리에서 공해 물질을 우리나라까지 뿜어대던 우한의 하늘이 맑아졌다니 그곳은 여기보다 더 심각하게 일상이 마비된 모양이다.

며칠 전 앞 동 너머에서 빵을 사 갔다던 여인은 공기마저 소통할 수 없는 음압병실에 갇혀 사투를 벌이고 있을 것이다.

죽음, 가장 나쁜 죄를 지은 사람에게 내리는 형벌 아니었던가. 그 여인에게 무슨 죄를 물으려고 이러는가. 그럭저럭 순리대로 살아가는 나 역시 죽음은 나와 관계없는 일로 치부하고 살아왔다. 어머니가 더는 숨을 쉬지 못했을 때도 수긍할 수 없어 억울하기만 했다.

요즘은 문밖이 그것인 듯 두렵다. 베란다에는 겉옷 한 벌과 손가방 그리고 마스크 두 개가 햇살에 소독되고 있다. 찬거리 사러 현관문 밖으로 나갈 때 그것들을 이용하고는 돌아오자마자 차아염소산수를 뿌려 다시 그곳에 걸어 놓는다. 혹시라도 내 몸에 묻어왔을 죽음의 알갱이들을 없애버리려고 그런다.

이토록 개인위생 수칙을 철저히 지키고 있으니 감염원에 노출될 확률은 극히 미미하다. 그런데 매체의 감염 확진자 동선을 따라 읽다 보면 그들의 증상이 모두 내게서도 나타나는 듯 혼란스럽다.

왜 이럴까. 사태를 인지하는 과정을 되짚어 보았다. 두려움의 원인은 화면에서 본 우한의 무더기 주검이었다. 그것이 코로나19 사태를 왜곡하게 했고 두려움을 유발한 것이다.

현재까지 감염자의 치사율은 1퍼센트 미만이다. 1퍼센트 미만의 죽음이 이리도 두려운가. 사는 과정이 곧 죽어가는 일 아니던가. 죽음으로서 비로소 삶이 마무리되니 우리의 하루하루가 죽음으로 가는 여정인 셈이다. 아흔둘 어르신이 '나는 지금 시속 92킬로미터의 속도로 허둥지둥 가고 있다, 가 봤자

뻔한 그곳을 향해서.'라고 하시던 말씀을 기억한다. 내 속도가 그보다 얼마간 늦을지는 몰라도 가지 않을 수 없는 그곳.

막연히 터부시만 해 온 그것을 들여다본다. 심장이 더는 뛰지 않고, 불러도 대답 없는, 그리하여 의사가 사망진단서를 발부하는 과정까지 마치면 그것이다. 누구에게나 평등하게 부여되며 되돌릴 수 없다는 또 하나의 특징이 있다. 되돌릴 수 없기에 이후의 세계에 대해 아무도 모른다. 저마다의 가치관으로 추측할 뿐이다. 겁 많은 나를 위해, 그곳이 아주 좋을 것이라고, 얼마나 좋기에 한번 가면 다들 돌아올 줄 모르겠냐고 말해준 사람도 있다.

책상 위에 붙은 작은 그림을 본다. 지금은 가고 없는 어느 여인이 그렸었고 그 여인의 수필을 좋아하던 내가 스토아학파 에픽테토스의 명언을 한 옆에 적었다. 내가 불안한 것은 문밖의 그것 때문이 아니고, 그것에 대한 나의 시각 때문이라고 글자들이 일깨운다.

그렇다면 본질이 두려운 건 아니다. 『파이돈』의 한 페이지가 생각난다. 아테네의 문 열린 어느 감옥, 독미나리를 찧어 넣은 약사발을 건네는 이에게 소크라테스가 묻는다. 자네는 이 일에 정통할 테니 뭘 해야 되는지 가르쳐 주게. 그러자, 그저 마시고 거니시다가 다리가 묵직해지면 침대에 누우시라 대답한다. 그러면 그것이 스스로 작용할 것이라 덧붙인다. 잠시 후 그것이 작용하고 있음을, 누군가가 그의 정강이를 누르며 굳어가고 있는 것으로 확인한다. 차가운 기운이 심장에 이르면 죽음에 이를 것이라고 한다. 배까지 차가워진다. 그때 소크라테스가 얼굴 덮은 것을 벗기며

"크리톤, 우리는 아스클레피오스에게 닭 한 마리를 빚지고 있네. 부디 갚아 주게, 잊지 말고."

라고 한다. 외출하는 주부가 남은 식구 끼니 걱정에 찌개는 데워서 먹으라고 이르는 듯하다. 그리고는 물어도 더는 대답을 하지 못한다. 얼마 지나지 않아 몸을 한 차례 떤다.

잠시 후, 사람들이 입을 다물어드리고 눈을 감겨드렸다고 씌어 있었다. 죽어가는 과정이 마치 때가 되어 식탁에 둘러앉아 식사하는 모습처럼 평온한 풍경이었다. 출생이 자연의 신비이듯 죽음 또한 자연의 섭리이다. 출생이 여러 요소의 결합이라면 죽음은 그것들로부터의 해체일 뿐 재앙 화할 일은 아니지 않은가.

술 취한 놈이 오히려 외나무다리를 잘 건넌다고 했다. 외나무다리는커녕 강 근처도 안 갔는데 한 달여 두려움에 떨던, 코로나19에 취한 나. 일어나 창문을 활짝 연다. 지퍼 열어 걸어 놓은 손가방이 웃는 아귀로 보인다. 하얀 마스크는 손뼉을 치려는 듯 마주하여 매달려 있다. 코로나19 사태가 진정될 때까지 현관문 출입은 더욱 자제하려 한다. 그러나 더는 머리가 무겁거나 헛기침이 나지는 않을 예정이다.

■ 연보

• 약력

1957. 충북 제천 출생
1976. 제천여자고등학교 졸업
1978. 충주공업전문학교 졸업, 재학 시 학보사 기자
1980. 결혼(자녀 1남 1녀)
1992. 제2회 천안삼거리주부백일장 산문부 장원
1997. ≪수필과비평≫ 1,2월호에 〈빨래하고 싶은 날〉로
    신인상 수상하여 수필가 등단
2000. 노벨학원 개원
2002. 천안 신안동 주민자치센터 수필반 강사 (現)
2003. 충남학생회관 평생교육원 수필반 강사
2004. 한국학원총연합회 우수평생교육자 표창 수상
2005. 허균문학상 수상
2005 천안지역공동체 학교도서관지원단 자문위원
2009. 천안수필문학회 회장
2010. 충청남도의회 교육공로상 수상
2011. ≪대전일보≫ 수필 연재(2개월)
2011. 충청남도 예술공로상 수상
2012. 충남문화예술교육지원센터 문학분야 예술강사 양

성 연수과정 이수

2012 수필과비평사 이사

2012 한국문인협회 충남지회 부회장 겸 편집위원장(現)

2013. 수필집 ≪내 안에 피는 꽃들≫ 발간

2013. 한국문인협회 천안지부 23대 지부장

2013. 보령 대천초등학교, 한내초등학교 문학분야 예술강사

2014. 충청남도교육청평생교육원 운영위원(6년)

2014. 아산 신정중학교 문학분야 예술강사

2014. 천안시장애인종합복지관 수필창작 강사(現)

2014. 수필과비평문학상 수상

2015. 수필집 ≪유리인형≫ 발간. 제1회 천안문화재단 창작지원금 수혜

2015. 한국문인협회 지회지부협력위원회 위원

2015. 한국문화예술총연합회장 표창

2005. 수필과비평작가회의 감사, 편집부주간, 편집주간, 사무국장(4년) 역임 후 현재 부회장

2015. 한국도서관문화진흥원 장애인 독서지도 강사

2016. 노벨학원 폐원

2017. 공저 ≪역사와 문화로 보는 천안기행≫ 발간

2018. 한국방송통신대학교 교육과학대학 문화교양학과 졸업

2018. 공저 ≪고향의 노래≫ 발간

2018. 충남문학대상 수상
2019. 선문대학교 주산학평생교육원 시간강사(수필 창작)
2019. 근현대 구술채록사업 ≪충남, 잊혀진 시간을 말하다≫ 인터뷰 및 채록
2020. 한국방송통신대학교 인문과학대학 국어국문학과 졸업
2019. 천안문학관 설립추진위원
2020. 현대수필가100인선Ⅱ ≪몽돌의 노래≫ 발간
2020. 3인 공저 ≪세월속에 물든 성환사람들의 특별한 이야기≫ 발간

현대수필가 100인선 II· 59
김용순 수필선

몽돌의 노래

초판인쇄 | 2020년 9월 10일
초판발행 | 2020년 9월 15일

지은이 | 김 용 순
펴낸이 | 서 정 환
펴낸곳 | 수필과비평사 · 좋은수필사

주 소 | 서울시 종로구 삼일대로 32길 36.
(익선동 30-6)운현신화타워 305호
전 화 | 02)3675-5635, 063)275-4000
등 록 | 제300－2013－133호
홈페이지 | http://www.shinapub.com
e-mail | essay321@hanmail.net

값 8,000원

ISBN 979-11-5933-283-8 04810
ISBN 979-11-85796-15-4 (세트)

* 저자와 협의하여 인지는 생략합니다.

* 잘못된 책은 바꿔 드립니다.

이 도서의 국립중앙도서관 출판시도서목록(CIP)은 서지정보유통지원시스템 홈페이지(http://seoji.nl.go.kr)와 국가자료공동목록시스템(http://www.nl.go.kr/kolisnet)에서 이용하실 수 있습니다.(CIP제어번호: CIP2020037428)